Collocation ;

유창하고 자연스러운 언어 사용을 위해
자주 함께 쓰이는 단어들의 조합_

콜로케이션이란, 자주 함께 사용되어 자연스럽고 의미 있는 표현을 이루는 특정 단어들의 결합입니다. 이는 관습적이어서 자연스럽게 느껴지며, 말하기와 글쓰기 등 모든 영역에서 중요합니다. 콜로케이션은 두 단어 이상의 결합으로 이루어지며, 문법적으로나 의미적으로 모두 적절해야 합니다. 예를 들어, 영어에서 "make a decision"은 자연스러운 표현이지만, "do a decision"은 문법에는 맞을 수 있어도 의미적으로는 부자연스러운 표현입니다.

영어를 모국어로 사용하는 원어민들은 유창하고 명확한 의사소통을 위해, '독서, 듣기, 말하기'와 같은 다양한 경로를 통해 콜로케이션을 자연스럽게 습득합니다. 콜로케이션은 한국에서도 다양한 이름을 달고 학습되어 왔는데, 전통적으로 우리는 그것을 '숙어', '관용어', '결합어', '구문(독해)', '패턴(잉글리쉬)' 등으로 불렀습니다.

▣ Top Voca ② 전치사 & 콜로케이션

전치사 & 콜로케이션

가장 먼저 알아야 할
58개의 전치사

실생활에서 자주 사용하는
700여 개의 콜로케이션

회화와 독해 모두에 사용되는
2200여 개의 필수 예문

김정호 지음

탑보카 ② 전치사 & 콜로케이션

개정판 1쇄 발행 | 2024년 7월 26일

편 저 자		김정호 (Tommy Kim)
펴 낸 곳		(주)바른영어사
주 소		[16889] 경기도 성남시 분당구 느티로 16, 907호(젤존타워1)
등록번호		제2020-000136호
대표전화		(02)817-8088	팩 스 (031)718-0580
홈페이지		www.properenglish.co.kr
감 수		N.Buchan
인 쇄		필커뮤니케이션

이 책의 무단 전재 또는 복제행위는 저작권법 제97조의5에 의거, 5년 이하의 징역 또는 5,000만원의 벌금에 처하거나 이를 병과할 수 있습니다.

ISBN : 979-11-85719-33-7 (13740)
정가 23,000원

· 이 책에 실린 모든 내용에 대한 저작권은 바른영어사에 있으므로 함부로 복사·복제할 경우 형사처벌을 받습니다.
· 파본은 교환 환불해 드립니다.

머리말

타동사와 전치사의 특성

　동사는 심장이며 전치사는 혈관입니다. 전치사는 뒤에서 그 목적어로 명사, 대명사, 동명사, wh-, 이렇게 4개를 받습니다. 타동사는 반드시 목적어를 받아야 하며, 행위 그 자체만을 의미할 때는 목적어를 생략할 수 있습니다. 즉, 'I don't want to eat.' 이라고 할 때 'eat'의 목적어는 생략되어 있다고 보는 것입니다. 특정한 목적어가 아니면 어차피 그 목적어는 음식일 테니까 생략할 수 있는 것입니다. 타동사와 마찬가지로 전치사도 반드시 그 뒤에서 목적어를 받아야 하는데, 이 경우에도 목적어가 생략될 수 있습니다. 즉, 'Please come in' 이라고 할 때 전치사 'in' 뒤에서 목적어는 생략되어 있습니다. 어차피 'in'의 목적어는 말하는 사람이 들어가 있는 장소일 테니까요. 하지만 'He lives in this city' 라고 할 때는 'in'의 목적어인 'this city'를 생략하지 못합니다. 왜냐하면 이것은 새로운 정보이기 때문입니다.

전치사의 역할

　영어의 전치사는 한국어에서 명사의 뒤에 붙는 토씨에 해당됩니다. 그러므로 한국어에서는 '후치사'라고 부르는 것이 옳지만 그런 용어가 없으므로, 조사나 토씨라고 이해하면 됩니다. 한국어 '전치사'는 영어의 preposition을 번역한 용어인데, 영어에서 그 의미는 pre(앞) + position(두다)이고 목적어인 명사상당어(substantive)의 앞에 놓이기 때문에, 그런 이름이 붙은 것입니다. 예를 들어, '그 벽의 그림은 사람들에게 전쟁의 공포를 살아나게 했다'라는 문장에서, 주격조사나 목적격 조사를 제외하고 각각의 명사 뒤에 붙어 있는 토씨가, 동사와 함께, 각 단어들 간에 관계를 규명합니다. 영어로 옮기면 'The painting of the wall brought up horror of war to the people' 이 될 수 있습니다. 만약, '그 벽 위의 그림은 사람들로부터 호기심을 끌어냈다'라는 문장이 있다면, 영어에서 'The painting on the wall drew curiosity from the people'이 될 수 있습니다. 하나는 그림의 주제가 벽이고 하나는 벽에 걸린 그림이므로 의미가 달라집니다. 하나는 '사람들에게'이고 하나는 '사람들로부터' 이므로 의미가 달라집니다.

한국어에서 명사 뒤에 붙는 [-와, -에서, -로부터, -와 함께, -로서, -로써, -옆에, -위에, -안에, -안으로, -아래에, -아래로, -속에, -밖에, -밖으로 -때에, -동안, -까지, -이후, -이전, -통해서, -사이에서, -관하여, -없이...] 등으로 해석되는 말이 영어의 전치사 라고 대략적으로 이해하면 좋습니다.

전치사의 기능

전치사는 그 뒤에서 목적어를 받고, 그 앞에서는 경우에 따라, 동사, 형용사, 명사 등을 두어 특정한 의미들을 형성해 냅니다. 'Look at the painting'의 경우에는 앞에 동사를 두었고, 'I am proud of you'의 경우에는 앞에 형용사를 두었으며 'man of New York'의 경우, 명사를 앞에 두었습니다. 전치사 독립적으로 목적어를 받는 예는 'In this city, we can find many good restaurants.'라는 문장에서 볼 수 있습니다. 전치사 'in'은 앞에 아무것도 오지 않았고 이 경우 위치가 자유로운 수식어가 됩니다. 문법용어로는 이런 부분을 독립적 부사구라고 합니다. 모든 전치사와 그 전치사 사용되는 이런 각각의 경우를 어떻게 이해하고 활용할 것인가에 대한 기본적 응답으로 이 책은 저술되었습니다.

동사구, 부사구, idiom

당장은 동사와 전치사를 합쳐서 만든 특정한 의미들을 많이 기억해 두는 것이 좋지만, 결국은 전치사 하나 하나의 본질적 의미를 알아야 소위 'idiom'에 강해집니다. 참고로 'idiom'은 단순한 동사구와는 다릅니다. 동사구는 'look at, look for'와 같은 것입니다. 앞의 동사 'look'이 갖는 기본적 의미인 '쳐다보다'와 뒤의 전치사들이 갖는 기본적 의미들을 합쳐서 만들어내는 것이 동사구이므로 이것은 'idiom'이라고 하지 않습니다. 'idiom'은 'carry out'의 두 가지 대표적 의미 중에서 '수행하다'라는 의미일 경우 사용하는 구분어입니다. 'carry'는 '운반하다, 나르다, 옮기다'가 기본의미이며 전치사 'out'은 '-의 밖'이라는 기본적 의미를 가지고 있으므로 'carry out'이 동사구로 사용될 때 '밖으로 운

반하다'라는 첫 번째 의미를 가지게 됩니다. 이것은 'idiom'이 아닙니다. 다른 의미인 '수행하다'의 경우 'carry'가 갖는 기본의미와 'out'이 갖는 기본의미로도 '수행하다'라는 것을 유추하기 어렵습니다. 이것을 'idiom'이라고 합니다. 따라서 이 책에서는 동사구와 'idiom'을 자연스레 많이 접하게 될 것입니다. 'idiom'은 그 기원을 밝힐 수 있는 것도 있고 기원을 추적하는 연결고리가 끊어진 것도 많습니다. 어원의 추적이 불가능해도 여전히 사람들은 특정한 의미로 어떤 표현을 사용하고 있습니다. 그것이 바로 'idiom'입니다.

'put + 전치사'의 경우

'put'이라는 동사를 전치사와 함께 활용해 보겠습니다. 'put up'은 '세우다, 들어 올리다'라는 뜻도 있지만 '숙박하다' 라는 의미도 있습니다. 'I was going to put up at that motel'에서 여러분은 'motel'을 보고 '숙박하다'라는 의미를 유추할 수 있을지도 모르지만 'put up'만 가지고서는 이런 의미를 유추하기 어렵습니다. 따라서 'put up'이 '숙박하다'의 경우 'idiom'이 됩니다. 'Put your hands up'이나 'I was going to put up the tent' 등의 표현에서는 'put up'의 의미를 쉽게 이해할 것입니다. 'put'은 다양한 전치사와 함께 많은 의미로 활용됩니다. 'put down, put out, put off, put on, put in, put up with, put up at, put aside, put away, put into..' 등이 대표적입니다. 본서는 이런 표현들을 깔끔하고, 명쾌하게 정리하여, 여러분들이 실제로도 구어와 문어에서 이런 표현들을 쉽게 사용하고, 이해하도록 도와줄 것입니다.

Carry this book on, and you'll be able to command a better English!
여러분의 영어는 매일 달라질 것입니다.

영어 길잡이 김정호 씀.

[도서소개]

1 콜로케이션 이란?

콜로케이션이란, 자주 함께 사용되어 자연스럽고 의미 있는 표현을 이루는 특정 단어들의 결합입니다. 이는 관습적이어서 자연스럽게 느껴지며, 말하기와 글쓰기 등 모든 영역에서 중요합니다.

콜로케이션은 두 단어 이상의 결합으로 이루어지며, 문법적으로나 의미적으로 모두 적절해야 합니다. 예를 들어, "make a decision"은 자연스러운 표현이지만, "do a decision"은 문법에는 맞을 수 있어도 의미적으로는 부자연스러운 표현입니다.

❶ 우리는 새로운 프로젝트에 대해 결정을 내려야 합니다.
- We need to make a decision about the new project. (O)
- We need to do a decision about the new project. (?)

❷ 그녀는 다른 도시로 이사가는 것을 고대하고 있다.
- She is looking forward to moving to another city. (O)
- She is looking forward into moving to another city. (?)

영어를 모국어로 사용하는 원어민들은 유창하고 명확한 의사소통을 위해, '독서, 듣기, 말하기'와 같은 다양한 경로를 통해 콜로케이션을 자연스럽게 습득합니다. 콜로케이션은 한국에서도 다양한 이름을 달고 학습되어 왔는데, 전통적으로 우리는 그것을 '숙어', '관용어', '결합어', '구문(독해)', '패턴(잉글리쉬)' 등으로 불렀습니다.

콜로케이션은 언어 학습에 있어 매우 중요한 역할을 합니다. 학습자들은 이를 통해 단어들이 자연스럽게 결합되는 방식을 배우게 되며, 표현의 정확성과 유창성을 높일 수 있습니다. 그 결과, 학습자들은 보다 효율적으로 언어를 습득하고, 실제 상황에서 더 자연스럽고 자신감 있게 의사소통할 수 있게 됩니다.

원어민이 아닌 사람들도 콜로케이션을 잘 익히면, 원어민처럼 자연스럽고 명확하게 의사소통할 수 있습니다. 이는 말하기와 글쓰기 등 모든 언어 사용 영역에서 큰 도움이 됩니다.

❶ listen to vs. listen at : 귀담아 듣다

- listen to (자연스러운 표현)
  Example: She likes to listen to music.

- listen at (부자연스러운 표현)
  Example: She likes to listen at music.

❷ depend on vs. depend for : -에 의존하다

- depend on (자연스러운 표현)
  Example: Success often depends on hard work.

- depend for (부자연스러운 표현)
  Example: Success often depends for hard work.

❸ look into vs. look onto : 들여다보다, 조사하다

- look into (자연스러운 표현)
  Example: The detective will look into the case.

- look onto (부자연스러운 표현)
  Example: The detective will look onto the case.

2 콜로케이션을 배워야 하는 이유?

콜로케이션을 학습하면 단어를 개별적으로 배우는 것보다 더 효과적으로 언어를 습득할 수 있습니다. 콜로케이션을 하나의 단위로 학습하는 것이, 여러 단어의 개별 의미와 조합 과정을 복잡하게 기억하는 것보다 더 효율적이고 정확하기 때문입니다.

"나는 쇼핑몰에서 오랜 친구를 **우연히 만났다.**"
I _____.

예를 들어, "나는 쇼핑몰에서 오랜 친구를 우연히 만났다."라는 문장을 영어로 말하려 할 때, 정확한 콜로케이션을 학습하지 않았다면 '만나다'라는 의미의 'meet' 동사를 먼저 떠올린 후, '우연히'라는 말을 조합하기 위해 'accidentally' 혹은 'by chance'라는 표현을 떠올렸을지 모릅니다.

하지만, 원어민처럼 콜로케이션을 익힌 사람이라면, '우연히 만나다'라는 표현을 위해 또 하나의 더 자연스러운 표현을 선택해서 "run into"라는 콜로케이션을 사용할 수도 있습니다.

- I ran into an old friend at the mall.
- I met an old friend accidentally at the mall.

위의 두 문장은 문법적으로는 이상이 없지만 사용빈도나 자연스러움에서는 run into가 사용된 문장이 더 좋습니다.

이처럼, 단순히 단어의 의미를 알고 있는 것만으로는 자연스러운 영어 표현을 구사하기 어렵습니다. 따라서 콜로케이션을 학습하는 것은 매우 중요합니다. 콜로케이션을 통해 실제로 통용되는 자연스러운 단어의 조합들을 익히면, 더 유창하고 정확한 영어를 구사할 수 있습니다.

즉, 단어를 개별적으로 암기하는 것보다 콜로케이션 단위로 학습하는 것이 더 효과적이며, 실생활에서 자주 사용되는 표현들을 빠르고 효율적으로 익힐 수 있습니다.

3 본격적인 전치사 콜로케이션 학습서

전치사는 문장에서 명사, 대명사, 동명사 또는 wh-로 시작하는 명사구나 명사절을 그 목적어로 받아서 그 둘의 관계를 앞에 나온 다른 말들과 결합시켜서 의미를 완성하는 역할을 합니다. 즉, 'to the man, for the man, with the man' 등은 각기 다른 전치사를 사용했기 때문에, 각각의 고유한 의미와 함께, 앞에 오는 다른 말들과 어울리게 됩니다.

만약 전치사의 앞에 동사가 앞에 온다면, We listen to the man(우리는 그 남자의 말을 경청한다), It will happen to the man(그 일은 그 남자에게 벌어질 것이다), These belong to the man(이것들은 그 남자에게 속해 있다) 등이 자주 사용되는 표현들이 됩니다.

형용사가 앞에 온다면 be afraid of, be dependent on, be similar to 등이 자주 사용되는 예가 되겠습니다.

따라서, 전치사는 단순히 그 의미를 아는 것에 그치지 않고, 자주 결합되어 사용되는 어휘의 조합, 즉 콜로케이션까지 학습하는 것을 목표로 삼아야 합니다.

이 도서는 영어에서 사용되는 전치사의 정확한 의미와 용례뿐만 아니라, 그 전치사의 빈도 높은 콜로케이션까지 모두 체계적으로 정리한 실용 학습서 입니다.

* 영어에는 단일전치사와 복합전치사를 모두 포함하여 약 150개여의 전치사가 있습니다. 그중 실생활에서 빈번하게 사용되는 58개의 전치사를 모았습니다.

4 격려성, 확장성 어휘학습서

그동안 배웠던 문법이 '그렇게 쓰면 안 된다'를 강조하는 '규제성 규칙'으로 느껴진 것은, '영작' 등에서의 활용보다는 '문법적으로 잘못된 것을 찾게 하는 방식'의 문제 풀이 도구로 여겨지는 경우가 많았기 때문입니다. 이러한 접근 방식은 학습자들로 하여금 문법을 규제의 틀로만 이해하게 만들고, 실제 언어 사용에서는 어려움을 겪게 했습니다.

이 도서는 규제성 문법 지식을 어느 정도 갖게 된 학습자들의 가장 빈번한 질문에 대한 대답이 될 수도 있습니다.

왜 이렇게는 사용할 수 없습니까, 이것도 문법적으로 말은 되지 않습니까?

구조적 콜로케이션 지식 없이, 개별적으로 터득한 문법지식 만으로 문장을 조합하다 보면, 위와 같은 질문이 나오기 일쑤입니다. 하지만 '그들이 그렇게 쓰기 때문에'라는 것이 늘 정답이며, 그것을 가능한 한 규칙으로 만든 것이 사전에 등장하는 콜로케이션 패턴입니다. 그런데 사전은, 모든 어휘와 모든 가능성을 대변해야 하므로, 우리가 어휘 학습에서 우선순위를 정하고 그에 따라 활용하기에는 다소 거대하며, 정보를 찾기에도 많은 노력이 필요합니다.

본 저술서가 강조하는 '전치사의 콜로케이션 학습'은, 회화나 영작에서 유창함의 획득을 도와줄 것입니다. 영어 어휘에 해당하는 한글의 의미는 알고 있으나, 막상 독해나 영작에서, 또는 대화할 때 내가 알고 있는 지식의 단편을 어떻게 확장해야 할지 난감한 경우가 많을 것입니다. 이런 상황에서는 종합 어휘서인 사전이 별로 도움이 되지 않을 수 있습니다. 더 간결하고 상황에 적합한 지침서가 필요할 것입니다.

5 실용 영어의 58개의 주요 전치사와 그 콜로케이션 소개

이 도서는, 일상 영어에서 사용되는 58개 주요 전치사의 '기본 의미'와 '콜로케이션'을 기반으로 저술되었습니다. 각 전치사의 기본 의미와 함께, 자주 사용되는 어휘와의 결합을 통해 실제 문장에서 어떻게 사용되는지 명확히 이해할 수 있도록 구성하였습니다.

"언어사용은 본질적으로 콜로케이션 지식을 필요로 한다."

"The nature of language use necessitates collocational knowledge."
(I. S. P. Nation (2001)- Learning Vocabulary in Another Language)

"Knowing a word involves knowing what words it typically occurs with. Is it more usual, for example, to say that we ate some speedy food, quick food or fast food? Pawley and Syder (1983) argue that the reason we can speak our first language fluently and choose word sequences that make us sound like native speakers is because we have stored large numbers of memorised sequences in our brain. Instead of constructing these each time we need to say something, we frequently draw on these ready-made sequences."
(I. S. P. Nation (2001)- Learning Vocabulary in Another Language)

"Nation (2001) suggests that knowing a word involves knowing its form, meaning and use. Learners need to consider what generative rules a word should follow when in use and "what other words or types of words occur with this one" (Nation 2001: 26)."
(Lei Zhang - The Significance of Collocational Knowledge for Learners of English and Teaching Implications)

[이 책을 잘 활용하기 위한 조언]

1 영작을 대비한 구성

본 도서는 다른 어휘집이나, 구문독해서 등과는 달리, '한국어 – 영어' 순서로 예문을 실었습니다. 독해가 아닌 영작을 우선으로 학습하는 습관을 형성해 보시기 바랍니다.

2 콜로케이션 정리

1 본 도서에서는 전치사를 기준으로 분류된 동사구, idiom 등의 다양한 콜로케이션을 소개하고 있습니다.

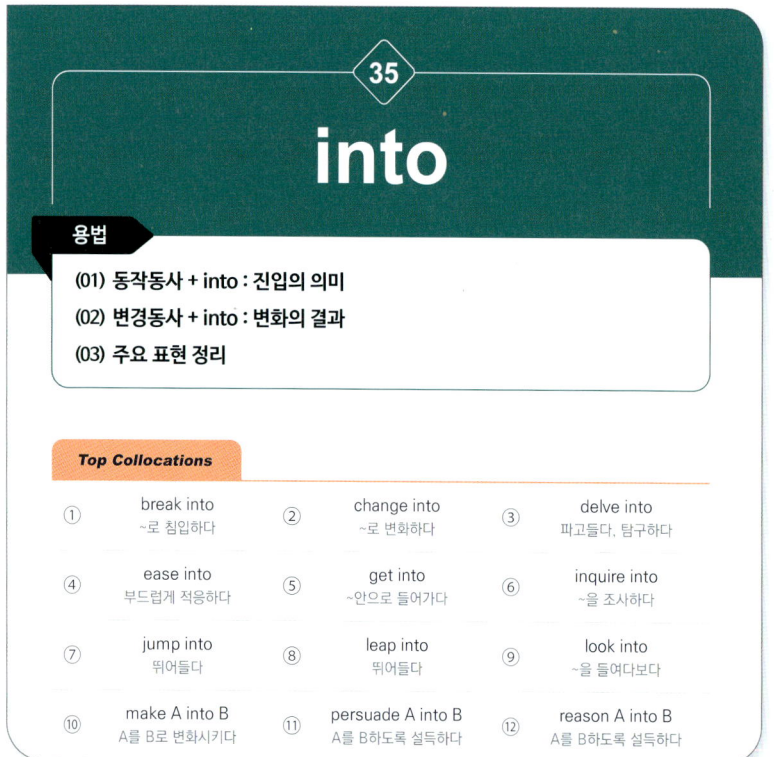

이러한 콜로케이션은 학습에 있어 매우 실용적이며, 영어를 자연스럽고 유창하게 사용할 수 있도록 돕습니다. 특히, 문법적으로는 맞지만 어색한 표현을 피하게 해 준다는 것은 아주 큰 장점입니다.

2 본 도서에서는, 이렇게 소개한 콜로케이션에 대한 다양한 예문을 제공 하고 있습니다. 콜로케이션 표현과 함께 그것들이 사용되는 맥락을 이해하게 도와줍니다.

01 동작동사 + into : 진입의 의미

1093 그들은 집안으로 침입해왔다.
They broke into the house.

1094 그는 상자 속을 들여다보았다.
He looked into the box.

1095 내가 그 사건을 조사하겠다.
I will inquire into the case.

1096 곤란에 빠지고 싶지 않을 것이다. 그렇지?
You don't want to get into trouble, do you?

1097 그들은 밤늦게까지 파티를 했다.
They had a party far into the night.

02 변경동사 + into : 변화의 결과

1098 우리는 이 실험을 통해 물을 얼음으로 만들 수 있다.
We can turn water into ice through this experiment.

1099 짧은 시간 안에 밀가루를 빵으로 만들 수 있는가?
Can you make flour into bread in a short time?

1100 내 직업은 한글을 영어로 번역하는 것입니다.
My job is to translate Korean into English.

1101 오후 들자 비가 눈으로 바뀌었다.
The rain changed into snow in the afternoon.

1102 애벌레가 나비로 바뀐다.
A caterpillar turns into a butterfly.

03 주요 표현 정리

(01) tap into : 이용하다, 개봉하다

1104 그 회사는 최신 상품과 함께 새로운 시장들을 이용하고 싶어 한다.
The company is hoping to tap into new markets with its latest product.

(02) leap into : 뛰어들다

1105 그 위험에도 불구하고 그는 기업세계에 뛰어들기로 결정했다.
Despite the risks, he decided to leap into the entrepreneurial world.

(03) jump into : 뛰어들다

1106 그 모든 세부사항들을 알지 못하고 새로운 모험사업에 뛰어드는 것은 용기를 필요로 한다.
It takes courage to jump into a new venture without knowing all the details.

(04) delve into : 파고들다, 탐구하다

1107 그 역사가는 더 많은 정보를 찾아 내기 위해 그 문서보관소를 탐구하기로 결정했다.
The historian decided to delve into the archives to find more information.

(05) tune into : 주파수를 맞추다, 동조하다

1108 오늘밤 라디오쇼에 주파수를 맞추는 것을 잊지 마세요. 멋진 초대손님이 나옵니다.
Don't forget to tune into the radio show tonight; they have an exciting guest.

3 본 도서에서 소개하는 콜로케이션은 해당 전치사와 함께 예문에서 별색(녹색) 처리 되어 있습니다. 이는 예문에서 콜로케이션을 한눈에 알아보게 하고, 학습을 용이하게 합니다. 학습자의 학습효율을 높이기 위해, 콜로케이션에 결합된 '동사'는 '파란색'으로, 명사절은 '녹색 형광펜'으로 추가 별색 처리 하고 있습니다.

❶ **녹색 영단어** : '전치사' 및 '콜로케이션'을 나타냅니다.

❷ **파란색 영단어** : '콜로케이션' 중에서 '동사'가 결합된 경우 해당 동사를 나타냅니다

❸ **예문의 녹색 형광펜** : '콜로케이션' 중에서 '명사절'이 결합된 경우 해당 명사절을 나타냅니다.

> 0012 그것이 그 문제에 관한 모든 것이다.
> That's what the matter is all about.
>
> 0013 나는 그가 어떻게 그 병에서 살아남았는지 궁금하다.
> I'm curious about how he survived the disease?
>
> 0014 우리 역사 수업은 역사적 사건들을 이해하는데 대한 문학의 영향력을 탐사하면서, 이차 세계대전에 관한 한 소설을 주제로 토론하고 있다.
> Our history class is discussing a novel about World War II, exploring the impact of literature on understanding historical events.

❹ **예문의 회색 표시** : 슬래쉬 전후의 상호교체 가능한 요소를 표시합니다.

> 0144 캄캄한 바다에 흰 돛이 돋보였다.
> The white sail stands out against the dark sea.
>
> 0145 70표 대 40표의 다수로 그것은 승인되었다.
> It is approved by a / the majority of 70 against 40.

TOP VOCA PREPOSITION COLLOCATION

- ▣ 머리말 — 007
- ▣ 도서 소개 — 010
- ▣ 이 책의 활용법 — 016
- ▣ Contents — 020
- ▣ 콜로케이션 Index — 024

전치사 & 콜로케이션

A - B A로 시작하는 전치사

01	aboard	62
02	about	64
03	above	69
04	across	72
05	after	76
06	against	81
07	along	85
08	among (st)	87
09	around	88
10	as	92
11	as for	95
12	as to	96
13	at	97

A - B B로 시작하는 전치사

14	because of	110
15	before	112
16	behind	116
17	below	120
18	beneath	122
19	beside	124
20	besides	126
21	between	127
22	beyond	130
23	but	135
24	by	137

D - I D로 시작하는 전치사

25	despite (in spite of)	150
26	down	152
27	during	162

D - I E로 시작하는 전치사

| 28 | except | 163 |

D-I	F로 시작하는 전치사	
29	for	166
30	from	187
31	from behind	198

D-I	I로 시작하는 전치사	
32	in	199
33	in spite of	222
34	inside	223
35	into	224

L-S	L로 시작하는 전치사	
36	like	230

L-S	O로 시작하는 전치사	
37	of	232
38	off	243
39	on	251
40	onto	272
41	out of	273
42	outside	281
43	over	284

L-S	S로 시작하는 전치사	
44	save	293
45	since	295

T-W	T로 시작하는 전치사	
46	through	298
47	throughout	304
48	to	305
49	toward(s)	324

T-W	U로 시작하는 전치사	
50	under	326
51	underneath	332
52	untill(till)	333
53	up	335
54	up to	349
55	upon	353

T-W	W로 시작하는 전치사	
56	with	357
57	within	373
58	without	377

TOP VOCA
PREPOSITION
COLLOCATION

전치사 & 콜로케이션

콜로케이션 INDEX

01. aboard

관용어	뜻	pg
All aboard	모두 타세요	62
climb aboard bandwagon	시류에 영합하다	62
Welcome aboard	탑승을 환영합니다	62

02. about

관용어	뜻	pg
be about to V.R	막 ~하려 하다	64
come about	생기다	64
go about	돌아다니다, 착수하다, 일을 하다	64
run about	여기저기 뛰어다니다	64
walk about	서성거리다	64

03. above

관용어	뜻	pg
above all	무엇보다도	71
above average (par, standard)	평균 이상의	71
above water	걱정이나 위기를 벗어난	71

04. across

관용어	뜻	pg
come across	뜻밖에 만나다, 우연히 발견하다	72
get across	건너다, 성공하다, 이해시키다	72
put across	전달하다	72
stumble across	우연히 만나다	72
work across	극복하다, 메우다	72

05. after

관용어	뜻	pg
after all	결국, 마침내	80
ask after	안부를 묻다	76
be after	추구하다	76
chase after	~를 쫓아다니다	76
come after	~다음에 오다	76
day after day	매일매일	80
look after	~를 돌보다	76
name A after B	B를 따서 A를 이름짓다	76
one after another	하나씩 차례로 (셋 이상)	80
one after the other	교대로, 번갈아서 (두 개)	80
seek after	~을 추구하다	76
time after time	매번	80

전치사 & 콜로케이션 25

06. against

관용어	뜻	pg
against all odds	역경에 맞서서	84
lean against	~에 기대다	81
vote against	~의 반대표를 던지다	81
warn A against B	A에게 B를 경고하다	81

07. along

관용어	뜻	pg
get along	사이좋게 지내다	85
move along	따라서 움직이다	85
run (flow) along	나란히 흐르다	85
sing along	함께 노래부르다	85
walk along	나란히 걷다	85

09. around

관용어	뜻	pg
around the clock	24시간 내내	91
around the world	전세계에서	91
carry around	휴대하고 다니다	88
come around	돌아서 오다	88
get around	빙 돌아가다	88

go around	퍼지다, 돌아다니다	88
hang around	주변에서 배회하다, 돌아다니다	88
look around	주변을 둘러보다	88
put A around B	A를 B 둘레에 두다	88

10. as

관용어	뜻	pg
consider A as B	A를 B로 여기다	92
describe A as B	A를 B로 묘사하다	92
look upon A as B	A를 B로 여기다	92
perceive A as B	A를 B로 인식하다	92
refer to A as B	A를 B로 부르다, 일컫다	92
regard A as B	A를 B로 여기다	92
see A as B	A를 B로 보다	92
think of A as B	A를 B로 여기다	92
treat A as B	A를 B로 취급하다	92
view A as B	A를 B로 보다	92
such A as B	B와 같은 A	92

13. at

관용어	뜻	pg
at a breath	단숨에	102
at a glance	한눈에	102
at a moment's notice	단박에, 금방, 한번 보아도	102
at anchor	정박 중인	102
at best	최상이라 해도	102
at breakfast	아침 식사 중인	102
at church	예배 중인	102
at dawn	새벽에	100
at daybreak	새벽에	100
at desk	사무 업무 중인	102
at dusk	해 질 녘에	100
at ease	편안한 상태	102
at first	처음에	100
at first sight	첫눈에	102
at last	최후에	100
at least	적어도	102
at meal	식사 중인	102
at midnight	자정에	100
at most	기껏해야	102
at night	밤에	100
at noon	정오에	100
at one gulp	한 번의 삼킴으로	102

at one's command	마음대로	102
at one's disposal	마음 내킬 때	102
at play	노는(가동,기동) 중인	102
at service	봉사, 예배중인	102
at short notice	급히, 여유를 주지 않고	102
at sunrise	해 뜰 녘에	100
at sunset	해 질 녘에	100
at table	식사 중인	102
at that moment	그 순간에	100
at that point	그 시점에	100
at the moment	그 순간에	100
at this moment	이 순간에	100
at work	작업 중인	102
at worst	최악이라 해도	102
bark at	보고 짖다	97
be awkward at	~에 서툴다	97
be bad at	~에 형편없다	97
be good at	~에 능하다	97
be poor at	~에 형편없다	97
be quick at	~에 기민하다	97
be slow at	~에 더디다	97
box at	~에 타격하다	97
call at	~을 방문하다	97
catch at	~을 붙잡다	97

cry at	보고 소리치다	97
gaze at	응시하다	97
get at	당도하다	97
glance at	힐끗 보다	97
gnaw at	~에 대고 갉다	97
honk at	~에게 경적을 울리다	97
joke at	놀리다	97
jump at	~에게 달려들다	97
knock at	~에 대고 두드리다	97
laugh at	~에게 크게 웃다, 비웃다	97
look at	쳐다보다	97
mock at	조롱하다	97
shoot at	맞히려고 쏘다	97
shout at	보고 소리치다	97
smile at	보고 미소 짓다	98
sneer at	코웃음 치다	98
stare at	응시하다	98
strike at	~에 가격하다	98
throw at	~에게 던지다	98
tug at	~을 잡고 끌다	98
yell at	보고 고함지르다	98

15. before

관용어	뜻	pg
appear before	~앞에 나타나다	112
as before	예전처럼	114
before Christ	예수님 이전, 기원전	114
come before	~보다 앞에 오다, 우선하다	112
look before	~전에 살펴보다	112
the day before yesterday	그저께	114
the night (year) before	그 전날 밤, 그 전 해	114

16. behind

관용어	뜻	pg
behind the scenes	드러나지 않고, 은밀히	118
behind the times	시대에 뒤쳐진	118
behind time (schedule)	예정보다 늦은	118
fall behind	뒤로 처지다	116
leave behind	뒤에 남겨 두다, 버리다	116

18. beneath

관용어	뜻	pg
beneath a stormy sky	역경 하에서	123
beneath contempt	경멸할 가치 없는	123
beneath notice	주목할 가치 없는	123
far beneath a person	누구보다 훨씬 아래의	123

22. beyond

관용어	뜻	pg
be beyond	능력을 넘다	130
go beyond	범위를 넘다	130
look beyond	너머를 보다	130

24. by

관용어	뜻	pg
abide by	지키다, 따르다	137
by air	항로로	143
by airplane	비행기로	143
by bicycle	자전거로	143
by boat	보트로	143
by bus	버스로	143
by land	육로로	143

관용어	뜻	pg
by sea	해로로	143
by ship	배로	143
by steamer	증기선으로	143
by subway	지하철로	143
by taxi	택시로	143
by train	기차로	143
come by	획득하다, 들르다	137
go by	지나가다	137
stand by	곁에 서다	137

25. despite(in spite of)

관용어	뜻	pg
despite the fact that 절	어떤 사실에도 불구하고	151
in spite of oneself	부지불식간에, 자기도 모르게	151

26. down

관용어	뜻	pg
boil down	졸이다	152
break down	고장나다	152
button down	꽉 고정시키다	152
close down	폐쇄하다	152
come down	병나다, 내려오다	152

count down	초읽기를 하다	152
fall down	떨어지다	152
get down	자세를 낮추다	152
go down	내려가다	152
let down	실망시키다	152
lie down	드러눕다	152
look down on	경멸하다	152
pay down	계약금을 지불하다	152
pin down	핀으로 고정시키다	152
pour down	쏟아붓다	152
run down	수명을 다하다	152
settle down	정주하다	152
shut down	일시 폐쇄하다	152
sit down	앉다	152
step down	사직하다	152
take down	내리다	152
turn down	거절하다	152
water down	물을 타다	152
write down	받아 적다	152

28. except

관용어	뜻	pg
all but A	A를 제외한 모두, 거의 A	164
but for A	만일 A가 없다면, 없었다면	164
cannot help but V.R	~할 수 밖에 없다	163
have no choice but + to V.R	~할 수 밖에 없다	163
nothing but A	단지 A	164

29. for

관용어	뜻	pg
account for	설명하다	166
allow for	참작하다	166
answer for	책임지다	166
apply for	신청하다	166
ask for	요청하다	166
call for	요구하다	166
care for	돌보다, 좋아하다	166
come for	~위해 오다	166
compensate for	보상하다	166
compete for	얻으러 싸우다	166
crave for	갈망하다	166
go for	얻으러 가다	166
grope for	더듬어 찾다	166

관용어	뜻	pg
hope for	소망하다	166
long for	갈망하다	166
look for	찾아보다	167
make for	향하다	167
pass for	~로 통하다	167
pay for	대가를 지불하다	167
prepare for	~에 대비하다	167
search for	찾다	167
seek for	추구하다	167
send for	부르러 보내다	167
stand for	나타내다	167
strive for	애써서 구하다	167
wait for	기다리다	167
wish for	소망하다	167
yearn for	갈망하다	167

30. from

관용어	뜻	pg
ban + 목 + from + ing	~가 ~하는 것을 막다	187
bar + 목 + from + ing	~가 ~하는 것을 막다	187
be from	~에서 오다	187
come from	~에서 오다	187
derive from	~에서 나오다	187

표현	의미	페이지
die from	~원인으로 죽다	187
differ from	~와 다르다	187
discourage + 목 + from + ing	~가 ~하는 것을 막다	187
dissuade + 목 + from + ing	~가 ~하는 것을 막다	187
distinguish A from B	A와 B를 구별하다	187
emerge from	~에서 등장하다	187
escape from	~로부터 도망치다	187
fall from	~에서 떨어지다	187
flee from	~로부터 도망치다	187
forbid + 목 + from + ing	~가 ~하는 것을 막다	187
graduate from	~에서 졸업하다	187
hear from	소식을 듣다	187
hinder + 목 + from + ing	~가 ~하는 것을 막다	187
inhibit + 목 + from + ing	~가 ~하는 것을 막다	188
judge from	~로 부터 판단하다	188
keep + 목 + from + ing	~가 ~하는 것을 막다	188
know A from B	A와 B를 구별하다	188
prevent + 목 + from + ing	~가 ~하는 것을 막다	188
prohibit + 목 + from + ing	~가 ~하는 것을 막다	188
recover from	~에서 회복하다	188
refrain from	~를 삼가다	188
result from	~로부터 생기다	188
spring from	~에서 솟구치다	188
stem from	~에서 유래하다	188

stop + 목 + from + ing	~가 ~하는 것을 막다	188
suffer from	~로 고통받다	188
tell A from B	A와 B를 구별하다	188

32. in

관용어	뜻	pg
[the ~s]	여당, 집권당 ; 공격측	221
a bird in a cage	새장 속의 새	201
a bobby in the city of London	런던이라는 도시 속의 경찰	201
a dictator in the house	집안의 독재자	201
a time bomb in a crowd	군중 속의 시한폭탄	201
abound in	풍부하다	199
an in patient	입원 환자	220
an in-depth interview	심층 면접	220
an in-house chef	사내 요리사	220
an in-house publication	사내 간행물	220
an in-season vegetable	제철 채소	220
an in-service training	직무 연수	220
be in one's way	방해가 되다	199
believe in	존재를 믿다	199
break in	침입하다	199
come in	나오다	199
confide in	털어놓다	199

영어	한국어	페이지
dabble in someone's personal life	남의 사생활에 끼어들다	199
deal in	거래 [취급] 하다	199
get in one's way	방해가 되다	199
get in the path	방해가 되다	199
get involved in someone's matters	타인의 문제에 끼어 들다	199
in 2020	2020년에	213
in a combat mode	전투적으로	209
in a hurry	서둘러서	209
in a manner	어떤 식으로	209
in a measure	어느 정도	209
in a sense	어떤 의미에서, 어느 정도	209
in a way	어떤 방법으로, 어느 정도	209
in accordance with	~에 준하여	216
in addition to	~에 더하여	216
in algebra	대수학에서	203
in amazement	놀라서	202
in American style	미국식으로	209
in anger	화나서	202
in another moment	당장에라도	213
in answer for	~에 부응하여	216
in association with	~와 관련되어	216
in astonishment	놀라서	202
in brief	간단히 말해서	212
in case of	~의 경우에	215
in charge	책임져서	203

in charge of	~를 담당하여	215
in common	공통적으로	203
in comparison with	~와 비교하여	216
in connection with	~와 연결하여	216
in contempt	깔보면서	202
in contentment	만족해서	202
in contrast to	~에 대조적으로	216
in contrast with	~에 대조적으로	216
in debt	채무상태에	203
in deep thought	깊은 생각에 잠겨	203
in despair	절망하여	202
in desperation	자포자기 하여	202
in dire straits	난감한, 곤경에 처하여	203
in disappointment	실망하여	202
in disbelief	믿지 못하며	202
in dismay	당황하여	202
in doubt	의심하여	202
in doubt	의심스러운 상태에	203
in English	영어로	203
in favor of	~를 편들어, 좋아하여	215
in fear	두려워서	202
in French fashion	프랑스식으로	209
in full blossom	만발하여	203
in full force	최대치로	203

in fun	재미삼아	203
in good shape	좋은 체형으로	203
in great detail	매우 상세히	203
in grief	슬퍼서	202
in high demand	높은 수요로	203
in high spirits	의기양양하게	203
in honor of	~에 대한 경의로	215
in January	1월에	213
in joy	즐거워서	202
in light	빛을 받아	203
in love	사랑 속에	203
in low spirits	의기소침하게	203
in milk	젖이 나는 상태인	203
in need	필요한 상태에	203
in need of	필요하여	214
in nostalgia	향수에 젖어	202
in one's childhood	유년기에	213
in one's life, in one's lifetime	자기의 생애에	213
in other words	다시 말해서	212
in peace	평화 속에서	203
in peak condition	절정의 상태에서	203
in person	개인적으로	203
in place of	~의 입장에서	215
in plain sight	눈에 띄게	203
in pursuit of	추구하여	214

in quest of	~를 탐색하여	214
in regard of	~에 관하여	215
in relation to	~와 관련되어	216
in reply to	~에 답하여	216
in respect of	~에 관하여	215
in response to	~에 응하여	216
in return for	~의 보답으로	216
in Russian	러시아어로	204
in search of	찾아서	214
in season	제철인	204
in shame	창피하여	202
in shock	충격받아서	202
in short	간단히 말해서	212
in spite of	~에도 불구하고	214
in such a hurry	서두르는 상태에	204
in summary	요약해서	212
in surprise	놀라서	202
in terms of	~의 조건에서, 관점에서	215
in the 1900s	1900년대에	213
in the 21st century	21세기에	213
in the afternoon	점심때에	213
in the autumn	가을에	213
in the east	동쪽에서	211
in the evening	저녁때에	213
in the event of	~의 경우에	215

in the face of	~의 면전에서, ~에도 불구하고	214
in the future, in the past	미래에, 과거에	213
in the light of	~에 비추어서	215
in the morning	아침때에	213
in the north	북쪽에서	211
in the south	남쪽에서	211
in the spring	봄에	212
in the summer	여름에	212
in the teeth of	~의 면전에서, ~에도 불구하고	214
in the west	서쪽에서	211
in the winter	겨울에	213
In there!	(안을 가리켜서) 저기 저안에! ; 안에 있는 사람들!	220
in token of	~의 징표, 증거로서	215
in touch with	~와 접촉하여	216
in trepidation	당황하여, 덜덜 떨며	202
in view of	~의 견지에서	215
in vitamin C	비타민 C에 있어서	204
in war time / in peace time	전시에 / 평화시에	213
in weight	체중에 있어서	204
In with it!	그것을 집어넣어라!	220
In with you!	안으로 드십시오!	220
indulge in	마음껏 ~하다	199
interfere in someone's plans	간섭하다	199
intervene in someone's decision	타인의 결정에 개입하다	199
intrude in someone's space	남의 공간을 침해하다	199

lie (be) in the way	방해가 되다	199
major in	전공하다	199
meddle in someone's affairs	타인의 일에 간섭하다	199
mediate in someone's conflicts	남의 싸움을 중재하다	199
obstruct in someone's progress	타인의 길을 방해하다	199
participate in	참여하다	200
pry in someone's business	남의 사생활을 엿보다	200
put obstacles in the way	훼방 놓다	200
result in	결과를 낳다	200
specialize in	전공하다	200
stand in one's way	방해가 되다	200
take in	섭취하다 / 속이다	200
tamper in someone's affairs	남의 일에 간섭하다	200
the best in the world	세계 속의 최고	201
the in color	유행하는 색	220
the in party	여당	220
the in place	유행하는 곳, 인기 있는 곳	220
the in-crowd favorite	인싸들이 좋아하는	220
the in-demand artist	인기 있는 예술가	220
the ins and outs	(하천 따위의) 굴곡 (twists and turns)	221
the ins and the outs	여당과 야당	221
the number one in Korea	한국 내의 일등	201
turn in	제출하다 / 반납하다	200

35. into

관용어	뜻	pg
break into	~로 침입하다	224
change into	~로 변화하다	224
delve into	파고들다, 탐구하다	224
ease into	부드럽게 적응하다	224
get into	~안으로 들어가다	224
inquire into	~을 조사하다	224
jump into	뛰어들다	224
leap into	뛰어들다	224
look into	~을 들여다보다	224
make A into B	A를 B로 변화시키다	224
persuade A into B	A를 B하도록 설득하다	224
reason A into B	A를 B하도록 설득하다	224
run into	~을 우연히 만나다	224
settle into	정착하다, 자리 잡다	224
tap into	이용하다, 개봉하다	224
translate A into B	A를 B로 번역하다	224
tune into	주파수를 맞추다, 동조하다	224
turn A into B	A를 B로 변화시키다	224
turn into	~로 변화하다	224

36. like

관용어	뜻	pg
act like	~처럼 행동하다	230
feel like	~같이 느껴지다	230
look like	~처럼 보이다	230
smell like	~같은 냄새가 나다	230
sound like	~같이 들리다	230
talk like	~처럼 말하다	230
taste like	~같은 맛이 나다	230

37. of

관용어	뜻	pg
approve of	~를 승인하다	232
be afraid of	두려워하다	232
be aware of	알다	232
be capable of	할 수 있다	232
be certain of	확신하다	232
be confident of	확신하다	232
be conscious of	알다	232
be covetous of	탐내다	232
be desirous of	갈망하다	232
be destitute of	부족하다	232
be devoid of	부족하다	232

be empty of	거의 없다	232
be envious of	부러워하다	232
be fond of	좋아하다	232
be free of	없다	232
be full of	가득 차다	233
be guilty of	죄가 있다	233
be ignorant of	모르다	233
be independent of	독립하다	233
be jealous of	시기하다	233
be out of	고갈되다	233
be positive of	확신하다	233
be proud of	자랑스러워하다	233
be reminiscent of	상기시키다	233
be short of	~가 부족하다	233
be sick of	싫증 나다	233
be sure of	확신하다	233
be suspicious of	~을 짐작하다	233
be weary of	싫증 나다	233
be worthy of	가치 있다	233
beware of	~를 경계하다	233
boast of	~를 자랑하다	233
complain of	~를 불평하다	233
consist of	~로 구성되다	233
die of	~로 사망하다	233

dispose of	~를 처분하다	233
dream of	~에 대해 꿈꾸다	233
hear of	~에 대해 듣다	233
know of	~에 대해 알다	233
repent of	~를 후회하다	233
smell of	~의 냄새가 나다	233
speak of	~에 대해 말하다	233
take advantage of	~를 이용하다	233
taste of	~의 맛이 나다	233
tell of	~에 대해 말하다	233
think of	~에 대해 생각하다	233
warn of	~에 대해 경고하다	233
what become of	어떻게 되다	233

38. off

관용어	뜻	pg
be off	중단되다	243
be on	진행되다	243
brush off	털어내다	243
call off	취소하다, 불러서 떼어내다	243
come off	벗겨지다	243
cut off	잘라내다, 그만두다	243
fend off	막아내다	243
get off	~에서 내리다	243
get on	타다	243
give off	발산하다	243
go off	터지다, 시작되다	243
keep off	벗어나서 존재하다, 들어가지 않다	243
kick off	시작하다	243
live off	먹고 살다	243
pay off	청산하다	243
pull off	끌어내다, 도출하다	243
put off	미루다	243
put on	입다	243
rip off	바가지씌우다	243
set off	시작하다, 출발하다	243
set off, go off	울리다, 터지다	243
shake off	털어내다	244

관용어	뜻	pg
start off	시작하다, 출발하다	244
take off	벗다, 이륙하다	244
tear off	찢어내다	244
turn off	끄다	244
turn on	켜다	244
work off	조금씩 벗어나다	244

39. on

관용어	뜻	pg
bet on	~에 투자하다	251
cash in on	~로 돈을 벌어들이다	251
chance on	우연히 만나다	251
cheat on	~에 대해 속임수를 쓰다	251
comment on	논평하다	251
decide on	~에 대해 결정하다	251
dwell on	~에 대해 곰곰이 생각하다	251
embark on	올라타다, 착수하다, 승선하다	251
fall on	날짜에 닥치다	251
gain on	따라붙다	252
get on	탈것에 오르다	252
give up on	~에 대해 포기하다	252
go on an errand	심부름가다	252
go on an excursion	소풍 여행 가다	252
go on a picnic	소풍가다	252

hang on	버티다	252
hit on	우연히 만나다	252
hold on	손을 놓지 않다, 버티다	252
hold on to	~를 계속 붙들고 있다	252
improve on	개선하다	252
infringe on	침해하다	252
insist on	주장하다	252
jump on	~에 뛰어들다	252
meditate on	명상하다	252
miss out on	~를 놓치다	252
neither off nor on	이러지도 저러지도 않는	252
operate on	수술하다, 달려서 작동되다	252
pick on	~를 골라서 괴롭히다	252
play on	~를 조종하다, ~에 영향을 끼치다	252
ponder on	명상하다	252
prevail on	설득하다	252
put on	착용하다, 음반을 올려 놓고 틀다	252
reflect on	~을 뒤돌아보다	252
rest on	의지하다, 근거하다, 놓여있다	252
settle on	~에 대해 결정하다	252
stay on	~에서 머물다	252
tell on	영향력을 세게 미치다	252
trespass on	침해하다, 폐 끼치다	252
work on	착수하다, 해결하기 위해 노력하다	252

41. out of

관용어	뜻	pg
jump out of	~로부터 튀어나오다	273
lean out of the window	창문 밖으로 몸을 기대다	273
make A out of B	B로부터 A를 만들어내다	273
run out of	~이 부족해지다	273

43. over

관용어	뜻	pg
flow over	넘쳐 흐르다	284
fly over	위로 날다	284
get over	끝내다, 극복하다	284
give over	포기하다, 넘겨주다	284
go over	살펴보다, 건너다	284
hand over	넘겨주다	284
leave over	남기다, 미루다	284
look over	훑어보다, 넘어다보다	284
run over	넘어서 달리다	284
talk over	두고 대화하다	284

45. since

관용어	뜻	pg
have long since p.p	그 이후 오래동안 ~해왔다	295
have since p.p	그 이후 ~해왔다	295

46. through

관용어	뜻	pg
be through with	~와 끝나다	298
get through	~를 마치다	298
go through	~를 겪다	298
look through	~를 통해서 보다	298
see through	~를 통과해서 보다	298

48. to

관용어	뜻	pg
add to	~를 증가시키다	305
adhere to	~를 고수하다	305
adjust to	~에 적응하다	305
amount to	~에 이르다	305
apologize to	~에 사과하다	305
appeal to	~에 호소하다	305
apply to	~에 적용되다	305

attend to	~에 주목하다	305
belong to	~에 속해있다	305
call out to	~에게 소리 지르다	305
cling to	~에 붙어있다	305
closed to	~에 닫힌, 폐쇄된	305
compare to	~에 비교되다	305
conform to	~에 순응하다	305
contribute to	~에 기여하다	305
correspond to	~에 일치하다	306
get to	~에 당도하다	306
happen to	~에게 일어나다	306
look to	~쪽을 쳐다보다	306
object to	~에 반대하다	306
refer to	~에 대해 언급하다	306
resort to	~에 호소하다	306
respond to	~에 반응하다	306
stick to	~에 붙어있다	306
subscribe to	~를 구독하다	306
succeed to	~를 계승하다	306
swear to	~에 맹세하다	306
to one's agony	고통스럽게도	311
to one's disappointment	실망스럽게도	310
to one's fury	분노스럽게도	311
to one's joy	즐겁게도	311

to one's regret	유감스럽게도	310
to one's relief	안심되게도	310
to one's sorrow	슬프게도	311
turn to	~에 의지하다, ~로 돌다	306
yield to	~에 양보하다	306

50. under

관용어	뜻	pg
live under a rock	숨어서 살다	326
under cover	엄호를 받고, 숨어서	328
under fire	공격, 비난을 받고 있는	328
under no circumstances	그 어떤 상황 하에서도 ~아니다	328
under siege	공격, 비난을 받고 있는	328
under the condition that	절 ~라는 조건 하에서	328
under the name of	~의 이름하에	328

52. untill(till)

관용어	뜻	pg
it is not until A that B	A하고 난 다음에서야 비로소 B하다	334
until now	지금까지	334
until the present time	현재까지	334
until today	오늘까지	334

53. up

관용어	뜻	pg
back up	지지하다, 물러나다	335
be up to	~에 달려 있다	335
build up	더 늘어나다	335
call up	전화하다	335
catch up with	~를 따라잡다	335
check up	살펴보다	335
cheer up	격려하다	335
count up	~을 세다	335
dress up	갖추어 입다	335
fill up	가득 채우다	335
fix up with	정해주다	335
get up	일어나다	335
hurry up	서두르다	335
keep up	유지하다	335
keep up with	보조를 맞추다	335
let up	늦추다, 진정시키다	335
lift up	들어올리다	335
look up	찾아보다	335
make up	화해, 차지, 화장, 지어내다	335
open up	열어 젖히다	335
pin up	벽에 고정시키다	335
pop up	튀어나오다	336

관용어	뜻	pg
put up	숙박하다	336
put up with	견디다	336
save up	저축하다	336
send up	올려보내다	336
settle up	청산하다	336
show up	모습을 드러내다	336
sit up	밤새 깨어있다, 단정히 앉다	336
stir up	휘젓다	336
store up	저장하다	336
sum up	합산하다	336
take up	차지하다, 집어 올리다, 체포하다	336
turn up	나타나다, 뒤지다	336
warm up	준비 운동하다	336
work up	만들어 내다	336

56. with

관용어	뜻	pg
begin with	~로 시작하다	357
communicate with	의사소통하다	357
comparable with	~와 비교되는	357
comply with	순응하다	357
consult with	~와 상의하다	357
dispense with	~없이 지내다	357

do away with	제거하다	357
equip A with B	A에게 B를 갖추어주다	357
fill A with B	A를 B로 채우다	357
furnish A with B	A에게 B를 제공하다	357
interfere with	간섭하다	357
keep up with	따라잡다	357
plead with	에게 애원하다	357
present A with B	A에게 B를 제공하다	357
provide A with B	A에게 B를 제공하다	357
rest with	~에게 달려있다	357
side with	편들다	357
start with	~로 시작하다	357
supply A with B	A에게 B를 제공하다	357

58. without

관용어	뜻	pg
do without	'~없이 지내다/해내다'	377
It goes without saying that + S + P	'~는 말할 필요조차 없는 당연한 사실이다'	377
not [never] ... without ~ing	~하지않고~하는 수는 없다, ~하면 반드시~하다	377
not without + ing	~하지않고는~하지않는다	377

콜로케이션 INDEX

TOP VOCA
PREPOSITION
COLLOCATION

전치사 & 콜로케이션

A - B

- aboard
- about
- above
- across
- after
- against
- along
- among (st)
- around
- as
- as for
- as to
- at
- because of
- before
- behind
- below
- beneath
- beside
- besides
- between
- beyond
- but
- by

01
aboard

용법

(01) 배나 비행기 등에 승선한, 승선하여

주요 콜로케이션

① All aboard
   모두 타세요

② climb aboard bandwagon
   시류에 영합하다

③ Welcome aboard
   탑승을 환영합니다

01 배나 비행기 등에 승선한, 승선하여

0001 대한 항공에 탑승하신 것을 환영합니다.
Welcome aboard Korean Air Lines.

0002 그 작은 배에 승선해 주세요.
Please come aboard the little ship.

0003 모두 탑승해 주세요.
All aboard!

0004 범죄 예방 조치가 있지 않으면 우리는 이 기계에 아무도 탑승시키지 않습니다.
We are not putting anyone aboard this machine unless there is some sort of crime prevention measure.

0005 오늘 아침 현지 시간 09:22에 미국 핵잠수함 Montana가 156명의 승선인과 함께 여기에서 22마일 떨어진 곳에서 가라앉았습니다.
At 09:22 local time this morning, an American nuclear submarine, the USS Montana with 156 men aboard, went down 22 miles from here.

0006 그들은 비가 퍼붓는 가운데 그 언론사 헬리콥터에 기어 올라갔다.
They **scrambled aboard** the news chopper with the rain pouring down.

0007 나는 그 뗏목에 오르지 않을 것이다.
I won't **get aboard** the raft.

0008 그 얏에 기어오르려던 Raymond는 한 손에 작살총을 단단히 쥐고 Anna를 구하기 위해 다시 그 자신을 물속으로 던졌다.
Raymond, who was about to **climb aboard** the yacht, grasped his spear gun firmly in his hand, hurled himself back into the water to save Anna.

0009 그 밀수꾼들이 그녀를 태웠을지도 모른다는 것이 가능한가요?
Is it possible that the smugglers might **have taken** her **aboard**?

02 about

용법

(01) '관하여, 관한'
(02) around의 대용으로 '주변의, 둘레에서'
(03) '여기 저기에, 이곳 저곳에서'
(04) about + 계량, 수치 : '대략적으로'
(05) '신변에, 지니고 있는'
(06) '착수하고 있는, 종사하고 있는'
(07) be + about (형용사) + to V.R : '~하려는 순간이다'

주요 콜로케이션

① **be about to V.R** 막 ~하려 하다
② **come about** 생기다
③ **go about** 돌아다니다, 착수하다, 일을 하다
④ **run about** 여기저기 뛰어다니다
⑤ **walk about** 서성거리다

01 '관하여, 관한'

0010 그는 광산업에 관한 책을 한 권 쓰고 있는 중이다.
He is writing a book about mining.

0011 도대체 이것은 전부 무엇에 관한 일이냐?
What is it all about?

0012 그것이 그 문제에 관한 모든 것이다.
That's what the matter is all about.

0013 나는 그가 어떻게 그 병에서 살아남았는지 궁금하다.
I'm curious about how he survived the disease.

0014 우리 역사 수업은 역사적 사건들을 이해하는데 대한 문학의 영향력을 탐사하면서, 이차 세계대전에 관한 한 소설을 주제로 토론하고 있다.
Our history class is discussing a novel about World War II, exploring the impact of literature on understanding historical events.

0015 그에 관한 그 소문들은 잠재적으로 비도덕적이고 회사규칙에 반하는 활동들에 연루되어 있음을 시사한다.
The rumors about him suggest involvement in activities that are potentially unethical and against company policies.

02 around의 대용으로 '주변의, 둘레에서'

0016 우리 주위의 사람들이 외국인처럼 보인다.
People about us seem like aliens.

0017 There are 8 official planets about the sun.
태양 주위에 8개의 공식적 행성들이 있다.

about

03 '여기 저기에, 이곳 저곳에서'

0018 그녀가 어쩌다 이혼하는 일이 생겼는가?
How did it come about that she got divorced?

0019 그는 그 방을 서성거렸다.
He is walking about the room.

0020 동물원의 동물들은 여기저기 뛰어다닐 넓은 공간이 없다.
Animals in zoos have no large space to run about.

0021 태풍들은 9월에 생길 수 있다.
Typhoons can come about in September.

0022 공원주변을 걸어 다니면서, 그 친구들은 아름다운 경치를 즐기며 함께 이야기하고 웃었다.
As they walked about the park, the friends shared stories and laughter, enjoying the beautiful scenery.

0023 그가 문학을 공부한 후 어떻게 과학에서 직업을 얻고자 결심하는 일이 생겼는지 나에게 말해줄 수 있습니까?
Can you tell me how it came about that he decided to pursue a career in science after studying literature?

0024 그들이 그 먼 숲에서 희귀종의 그 새를 찾아낸 일이 어떻게 발생했는지 당신은 아나요?
Do you know how it came about that they discovered the rare species of bird in the remote forest?

04 about + 계량, 수치 : '대략적으로'

0025 나는 7월 말 경에 수영을 갈 것이라고 생각한다.
I think I will go swimming **about the end of July**.

0026 그는 대략 내 크기이다.
He is **about my size**.

0027 약 20명이 부상당했다.
About 20 people were injured.

0028 그녀는 대략 나와 같은 나이이고 우리는 많은 공통의 관심사들을 공유한다.
She is **about the same age** as me, and we share many common interests.

0029 그 새 직원은 나와 거의 같은 정도로 유경험자이다.
The new employee is **about** as experienced as I am.

0030 그 두 형제는 약간의 차이점만을 가지고 신장에서 거의 같다.
The two siblings are **about** equal in height, with only a slight difference between them.

0031 그의 작품에서의 정밀함과 세부사항에 대한 주목은 르네상스의 거장들과 거의 같은 수준이다.
The precision and attention to detail in his artwork are **about** on par with the masters of the Renaissance.

05 '신변에, 지니고 있는'

0032 그가 지니고 있던 모든 것을 돌려주어라.
Give him back all he had **about him**.

0033 그가 소지하고 있던 모든 물건들은 불법이다.
All the things he has **about him** are illegal.

0034 그에게는 무엇인가 기품이 있다.
There is something noble **about him**.

about

06 '착수하고 있는, 종사하고 있는'

0035 그는 무엇에 착수하고 있지?
What is he about?

0036 그는 재정 담당입니다.
He is about finance.

0037 그는 자기가 무엇을 담당하고 있는지 안다.
He knows what he is about.

0038 운전하는 방법이 무엇입니까?
How do you go about driving?

07 be + about (형용사) + to V.R : '~하려는 순간이다'

0039 그는 그 중단 버튼을 막 누르려 하고 있다.
He is about to push the abort button.

0040 그의 눈이 막 튀어나올 것처럼 보인다.
His eyes seem about to pop out.

0041 그가 돌아왔을 때 그녀는 막 새로운 삶을 시작하려고 했다.
She was about to begin a new life when he came back.

0042 그들은 매일매일 잘 견뎌왔고, 이제 막 그것을 해내려는 순간인데, 더 이상 못하겠다고 체념해 버립니다.
They endure day after day, and just when they're about to make it, they decide they can't take any more.

0043 아름다운 금요일 오후 주말이 막 시작할 무렵이었지만 Rob은 마음이 심란했다.
It was a beautiful Friday afternoon and the weekend was about to begin, but Rob had a lot on his mind.

03
above

용법

(01) '수직, 수평 상의 위쪽에'
(02) '위로 솟아나서'
(03) '~보다 이상으로' (이 경우 over 와 대동소이함)
(04) '영향력이 닿지 못하는' (이 경우 beyond 와 비슷함)

01 '수직, 수평 상의 위쪽에'

0044 그 나무 위에 새 한 마리가 있다.
There is a bird above the tree.

0045 당신은 강 상류에서 조그마한 마을을 찾아낼 수 있다.
You can find a small village above the river.

0046 학교에서 윗쪽으로 다섯 번째 집에 산다.
He lives five doors above the school.

0047 그것을 벽난로 위에 거는 것이 어떠냐?
Why don't you hang it above the fireplace?

0048 그 타워는 해발 500 미터로 서 있다.
The tower stands 500 meters above sea level.

0049 위의 진술은 틀림없습니다.
The statements above are true to the best of my knowledge.

above

02 '위로 솟아나서'

0050 그 봉우리는 구름 위에 솟아 있다.
The peak rises above the clouds.

0051 그는 구름을 뚫고 위로 날았다.
He flew above the clouds.

0052 물 위로 머리를 내놓고 있으려고 애쓰지 마라.
Don't try hard to keep your head above water.

03 '~보다 이상으로' (이 경우 over 와 대동소이함)

0053 이 지역에서는 시속 30마일 이상의 속도가 금지됩니다.
Speeds above thirty miles an hour are prohibited in this area.

0054 우리는 20세 이상의 사람들을 받습니다.
We allow men above 20.

0055 그는 나보다 상급자다.
He is above me in rank.

0056 나는 생명보다 명예를 중히 여긴다.
I value honor above life.

0057 수입 이상의 생활을 하지 마라.
Don't live above your income.

0058 오늘은 내내 영상에 있겠습니다.
We will be above the freezing point all day today.

04 '영향력이 닿지 못하는' (이 경우 beyond 와 비슷함)

0059 이 책은 내게는 너무 어려워서 이해할 수 없다.
The book is above me / my understanding.

0060 당신은 이기심(利己心)을 초월(超越)하고 있다.
You have risen above selfishness.

0061 그는 거짓말을 할 사람은 아니다.
He is above telling lies.

①	above all	무엇보다도
②	above average (par, standard)	평균 이상의
③	above water	걱정이나 위기를 벗어난

04 across

용법

(01) 가로질러, 맞은 편에, 건너서
(02) 전역에서, 전체에 걸쳐서
(03) 주요 표현 정리

주요 콜로케이션

① **come across** 뜻밖에 만나다, 우연히 발견하다
② **get across** 건너다, 성공하다, 이해시키다
③ **put across** 전달하다
④ **stumble across** 우연히 만나다
⑤ **work across** 극복하다, 메우다

01 가로질러, 맞은 편에, 건너서

0062 그는 무단횡단으로 그 길을 건너갔다.
He **went across** the road by jaywalking.

0063 그들은 강 건너편에서 살았다.
They **lived across** the river.

0064 그는 어깨에 총을 메고 나갔다.
He went out with a rifle **across his shoulder**.

0065 나는 그와 책상을 마주하고 앉았다.
I **sat across** the table from him.

0066 그는 호위를 받으며 그 다리를 건넜다.
He was escorted across the bridge.

0067 그는 그 방을 가로질러 걷기 시작했다.
He started to walk across the room.

0068 그는 맞은편 벽 위의 그 그림을 쳐다보았다.
He looked across at the painting on the wall.

0069 당신은 이 강을 헤엄쳐 건널 수 있는가?
Can you swim across this river?

0070 그녀는 그의 얼굴을 휘갈겼다.
She slapped him across the face.

0071 개미들 한 줄이 바닥을 가로질러 일렬로 가고 있다.
A column of ants is threading its way across the floor.

0072 햇빛이 땅을 가로질러 기어간다.
Sunlight creeps across the ground.

0073 우리는 세상의 절반을 걸어서 건넜음에 틀림없다.
We must have walked halfway across the world.

0074 그것은 전 세계의 가난한 아이들에게 음식과 숙소를 제공한다.
It provides food and housing for the poor children across the world.

02 전역에서, 전체에 걸쳐서

0075 그것은 전 세계에서 가난한 아이들에게 음식과 거처를 제공했다.
It provided food and housing for the poor children across the world.

0076 그 음악가는 다양한 범주의 음악적 스타일을 선보이며 그 연주회 동안 다양한 장르 전역에서 솜씨있게 연주했다.
The musician skillfully played across different genres during the concert, showcasing a diverse range of musical styles.

across

03 주요 표현 정리

(01) come across : '뜻밖에 만나다, 우연히 발견하다'

0077 나는 이와 같은 것을 예전에 만나 본 적이 없다.
I have never come across one of these before.

0078 그가 아프리카에서 독수리를 연구하고 있을 때, 그는 우연히 전투 중인 수컷 기린 한 쌍을 만났다.
He was studying eagles in Africa when he came across a pair of male giraffes locked in combat.

(02) get across : '건너다, 성공하다, 이해시키다'

0079 그들은 한 강가에 오게 되는데 거기에는 옷을 적시지 않고는 강을 건널 수 없는 한 아리따운 젊은 여성이 있다.
They come to a stream, and there, by the stream, is a beautiful young woman who can't get across it without getting her clothes soaked.

0080 내 보스가 이해시키려고 애썼던 세 가지 규칙이 있었다.
There were 3 rules that my boss tried to get across.

(03) put across : '전달하다'

0081 나는 나의 생각을 성공적으로 전달시키지 못했다.
I couldn't put my ideas across successfully.

(04) stumble across : 우연히 만나다

0082 우리는 그 고고학 유적지를 발굴하는 동안 흥미있는 공예품들을 우연히 찾기를 희망한다.
We hope to stumble across some interesting artifacts while excavating the archaeological site.

(05) work across : 극복하다, 메우다

0083 그 협상 동안, 합의에 도달하기 위해 의견차이들을 메우는 것은 힘들었다.
During the negotiation, it was challenging to work across the differences in opinion to reach a compromise.

05 after

용법

(01) 시간상 나중에
(02) A after A : '이어서, 연속적으로'
(03) 순서, 가치, 위치상 '뒤에서'
(04) 목적, 추구
(05) 관심, 관련
(06) 결과에 의한 양보 또는 인과
(07) 모방, 순응

주요 콜로케이션

① ask after 안부를 묻다
② be after 추구하다
③ chase after ~를 쫓아다니다
④ come after ~다음에 오다
⑤ look after ~를 돌보다
⑥ name A after B B를 따서 A를 이름짓다
⑦ seek after ~을 추구하다

01 시간상 나중에

0084 후식은 저녁 후에 제공됩니다. 저녁 전이 아니라.
Dessert is served after dinner, not before.

0085 한 달 후에 첫 월급을 받게 됩니다.
You will get your first paycheck after a month.

0086 들어온 후 문을 닫으세요.
Shut the door after you.

0087 먼저 하십시오.
After you.

0088 6시 10분입니다.
It's ten minutes after (past) six.

0089 성공은 종종 근면과 헌신 후에 온다.
Success often comes after hard work and dedication.

0090 깊은 성찰과 명상의 시간 다음에 깨달음이 올지도 모른다.
Enlightenment may come after a period of deep introspection and meditation.

0091 실수들과 경험들로부터 배운 후에 지혜가 종종 온다.
Wisdom often comes after learning from mistakes and experiences.

02 A after A : '이어서, 연속적으로'

0092 매일 매일 나는 남편이 돌아오길 기다리면서 밖에 나가 있었다.
Day after day, I was out waiting for my husband to come back to me.

0093 매번 그는 과녁을 빗나갔다.
Time after time, he missed the target.

0094 그는 요점을 이해하려고 계속 읽었다.
He read page after page to catch the point.

0095 나는 그 기금을 모금하는 동안 문간마다 거절되었다.
I was rejected door after door while fundraising

0096 그 새들은 하나씩 날아 떠났다.
The birds flew off one after another.

0097 그는 그 사진들(두 개)을 번갈아서 보았다.
He saw the pictures one after the other.

after

03 순서, 가치, 위치상 '뒤에서'

0098 그는 셰익스피어 다음으로 위대한 극작가이다.
He is the greatest dramatist after Shakespeare.

0099 돈보다 건강이 중요하다.
Money comes after health.

0100 그 마라톤 주자는 선두 그룹 뒤에서 압박하면서 마지막 몇 마일 동안 힘을 냈다.
The marathon runner powered through the last few miles, pushing after the leading pack.

04 목적, 추구

0101 경찰은 그 살인범을 쫓고 있다.
The police are after the murderer.

0102 그는 무엇을 추구하느냐.
What is he after?

0103 그 고양이는 방안을 이리저리 쏜살같이 쫓아다니며 그 잡기 힘든 생쥐를 계속 따라다녔다.
The cat kept after the elusive mouse, darting around the room in pursuit.

05 관심, 관련

0104 그는 결코 나의 안부를 묻지 않는다.
He never **asks** **after** me.

0105 그는 그 아이들을 보살폈다.
He **looked** **after** the boys.

0106 그녀는 업무와 연관된 문제들에만 집중하면서 동료들의 안부를 거의 물어보지 않는다.
She rarely **inquires** **after** her colleagues' well-being, focusing solely on work-related matters.

0107 그 이웃들은, 그녀의 투병을 모르는 채로 그 늙은 이웃의 안부를 좀처럼 확인하지 않는다.
The neighbors seldom **check** **after** their elderly neighbor, unaware of her health struggles.

06 결과에 의한 양보 또는 인과

0108 그렇게 말씀하시니 조심하겠습니다.
After what you have said, I shall be careful.

0109 내 모든 충고에도 불구하고 당신은 그것을 망쳤다.
After all my advice, you messed it up.

0110 결국 당신이 옳았다.
After all, you were right.

after

07　모방, 순응

0111　그는 그의 증조부의 이름을 땄다.
He **was named** after his great-grandfather.

0112　그 조각상들은 희랍신들을 본따서 만들어졌다.
The statues **are modeled** after the Greek gods.

0113　나는 렘브란트풍의 그림을 모으는 것을 좋아한다.
I like to collect **pictures after Rembrandt**.

0114　그 새로운 스마트폰은 소형의 날씬한 미적 최신 유행에 순응하여 디자인되었다.
The new smartphone **was designed** after the latest trends in minimalist and sleek aesthetics.

0115　그 춤의 순서는 문화축제의 전통적 동작들을 따서 기획되었다.
The dance routine was choreographed after the traditional movements of a cultural celebration.

* after는 뒤에서 절을 받아서 접속사로도 사용 가능.

① after all	결국, 마침내
② day after day	매일매일
③ one after another	하나씩 차례로 (셋 이상)
④ one after the other	교대로, 번갈아서 (두 개)
⑤ time after time	매번

06

against

용법

(01) '반대, 저항, 거스름, 맞섬'
(02) '기대어, 의지하여'
(03) 대조, 대비, 배경
(04) 대비, 예상

주요 콜로케이션

① lean against
~에 기대다

② vote against
~의 반대표를 던지다

③ warn A against B
A에게 B를 경고하다

01 '반대, 저항, 거스름, 맞섬'

0116 우리는 적과 싸울 것이다.
We will **fight** against the enemy.

0117 원폭(原爆) 사용 반대론이 생겨날 것이다.
There will arise an argument against the use of atomic bombs.

0118 당신은 그것에 찬성하느냐 반대하느냐?
Are you for or against it?

0119 그에게 불리한 것은 없다.
There is nothing against him.

0120 그들은 그 법안에 반대표를 던졌다.
They **voted** against the bill.

against

0121 비록 내가 성직자이지만 과학기술을 반대하지는 않는다.
I am not **against technology** though I am a priest.

0122 나는 잠들지 않으려고 애썼다.
I tried to **struggle against** sleep.

0123 이것은 내가 나의 민족에게 불리한 무엇인가를 하도록 요청받고 있는 최초이다.
This is the first time I am being asked to do something **against my own people**.

0124 그는 그녀를 벽으로 밀어붙여서 그의 이빨을 그녀의 목에 심었다.
He pushed her **up against the wall** and sank his teeth into her neck.

0125 그는 그렇게 할 수 없다. 그것은 규칙 위반이다.
He can't do that. It's **against the regulation**.

0126 나는 물살을 거슬러서 수영하고 있었다.
I was **swimming against** the current.

0127 당신의 의지에 반하는 그 일을 하려는가?
Will you do the thing **against your will**?

0128 그것은 너와 Lester의 시합이다.
It's a game; Lester **against you**.

0129 아버지의 의지에 반하여 말하고 싶지 않다.
I don't want to **say against** my father's will.

0130 그 어려움들에도 불구하고 그 공동체는 그 자연재해 후에 재건의 역경에 맞서서 협력했다.
Despite the challenges, the community stood together **against adversity** to rebuild after the natural disaster.

0131 그 행동가들은 평등권들을 옹호하면서 그 차별정책들에 맞서서 외쳤다.
The activists spoke out **against the discriminatory policies**, advocating for equal rights.

02 '기대어, 의지하여'

0132 문에 기대지 마시오.
Do not **lean** against the door.

0133 그는 전주(電柱)에 기대고 서 있었다.
He stood with his back against the pole.

0134 그는 총을 나의 이마에 대고 눌렀다.
He pressed his gun against my head.

0135 Karen의 도움으로, 그녀는 부엌 식탁과 냉장고를 문에 끌어다 댈 수 있었다.
With the help of Karen, she shoved the kitchen table and the refrigerator against the door.

0136 그 작은 곤충들은 자동차 앞 범퍼와 그릴에 부딪혔다.
The tiny insects were **smashed** against the front grill and bumper.

0137 그는 배에 부딪히는 물을 쳐다보았다.
He watched the water **splash** against the boat.

0138 그녀는 그 건물에 기대어 세워진 우체통을 보았다.
She saw a letter box **up against** the building.

0139 그 유리창에 부딪히며 그는 들어오고 싶은 것처럼 보인다.
Bumping against the glass, he looks like he wants to come in.

0140 그는 문 뒤에 밀치던 내 체중에도 불구하고 그 문을 밀어 열었다.
He pushed the door open despite my weight pressing against the other side.

0141 문에다 몸을 던져서 열자.
Let's hurl ourselves against the door.

0142 나는 창틀에 부딪히는 빗소리를 듣는 것을 좋아한다.
I like to listen to the sounds of rain **beating** against the window pane.

against

03 대조, 대비, 배경

0143 저녁 하늘을 배경으로 하여 흐릿하게 나타난 먼 산을 본다.
We see a distant mountain **silhouetted** against the evening sky.

0144 캄캄한 바다에 흰 돛이 돋보였다.
The white sail **stands out** against the dark sea.

0145 70표 대 40표의 다수로 그것은 승인되었다.
It is approved by **a / the** majority of 70 against 40.

04 대비, 예상

0146 승객 여러분 소매치기에 조심하십시오.
Passengers are **warned** against pickpockets.

0147 만약의 경우를 대비하여 나는 충분히 저축했다.
I have saved enough of money **against a rainy day**.

0148 그녀는 뇌진탕을 막기 위해 그녀의 귀를 덮었다.
She covered her ears **against concussion**.

0149 우리 대부분은 그 질병에 대비하여 접종받아야 한다.
Most of us should be **vaccinated** against the disease.

0150 그것은 화재보험에 가입되어 있나요?
Is it **insured** against any fire?

0151 그녀는 장기적인 결과를 가질 수도 있는 성급한 결론을 내리는 것에 대해 친구에게 경고했다.
She cautioned her friend against making hasty decisions that could have long-term consequences.

---

① against all odds   역경에 맞서서

07 along

용법

(01) '따라서, 옆에 끼고, 함께, 사이좋게'

주요 콜로케이션

① get along 사이좋게 지내다
② move along 따라서 움직이다
③ run (flow) along 나란히 흐르다
④ sing along 함께 노래부르다
⑤ walk along 나란히 걷다

01 '따라서, 옆에 끼고, 함께, 사이좋게'

0152 나는 그 강을 끼고 조깅하는 것을 좋아한다.
I like to **jog along** the river.

0153 내가 길을 따라 걷고 있는데 공중전화가 울리는 소리를 들었다.
As I **walked along** the street, I heard a pay phone ring.

0154 모두가 나를 따라서 허밍으로 부르세요.
Everybody, **hum along** with me.

0155 그녀의 흉부를 따라서 상처가 하나 있다.
There is a scar **running along** her chest.

0156 나는 너희들이 잘 지내는지 신경 쓴다.
I care about whether you people **get along**.

along

0157 그들은 복도를 따라가며 그 방들을 검사했다.
They searched the rooms along the corridor.

0158 그 차는 갑자기 멈추어 섰다가 진흙 바닥을 따라 미끄러졌다.
The car came to a sudden stop and skidded along the muddy ground.

0159 그녀는 차에 타서 그의 옆을 따라 자리를 잡았다.
She got in the car and took a seat alongside him.

0160 그녀는 장난스럽게 그 해안가를 따라 깔린 조약돌들 위에서 균형을 잃은 척했다.
She playfully pretended to lose her balance on the pebbles along the shore.

0161 그는 그 플랫폼을 따라 뛰기 시작했지만 기차가 너무 빠르게 움직이고 있었다.
He started running along the platform but the train was going too fast.

0162 그는 그 프로그램 자원봉사자들과 함께 일했다.
He worked along with volunteers for the program.

0163 때때로 우리가 그들의 걱정과 슬픔으로 고통받는다 해도, 우리는 그 경험으로부터 기쁨을 얻는다.
Though we sometimes suffer along with their anxieties and sorrows, we receive a pleasure from the experience.

0164 그들은 상세한 지시와 함께 악보를 쓴다.
They write the musical notes along with detailed instructions.

0165 콩은 물에 의해 적셔지는데, 그것은 콩에 있는 카페인과 함께 물에 녹을 수 있는 모든 물질들도 함께 제거한다.
They are soaked in water, which removes the caffeine, along with all the soluble solids in the beans.

08

among (st)

용법

(01) '셋 이상이 있는 가운데서'

01 '셋 이상이 있는 가운데서'

0166 그들은 자기들 가운데서 싸웠다.
They quarreled among themselves.

0167 의장은 회원들 가운데서 선출될 것입니다.
The chairman will be chosen from among the members.

0168 우리 가운데에 이방인들이 있다.
There are aliens among us.

0169 젊은 회원들 사이에서 항의의 웅얼거림이 퍼지고 있다.
A murmur of protest spreads amongst the young members.

0170 그 파편들 가운데에는 멀쩡한 시계가 하나 있다.
Among the debris is an intact watch.

0171 주고받는 말들 가운데 뚜렷이 들리는 것은 아버지의 말이다.
Among the remarks exchanged, one that is distinctly heard is my father's.

09
around

용법

(01) '~의 주위로, 주위에서'
(02) '여기저기에서'
(03) around + 수량 : '대략'
(04) 주요 표현 정리

주요 콜로케이션

① carry around
  휴대하고 다니다
② come around
  돌아서 오다
③ get around
  빙 돌아가다
④ go around
  퍼지다, 돌아다니다
⑤ hang around
  주변에서 배회하다, 돌아다니다
⑥ look around
  주변을 둘러보다
⑦ put A around B
  A를 B 둘레에 두다

01 '~의 주위로, 주위에서'

0172 그는, 친구들이 그를 둘러싼 채로, 서 있었다.
He was standing with his friends around him.

0173 그들은 모닥불 주위에 앉았다.
They sat around the bonfire.

0174 그는 주위를 둘러보았다.
He looked around.

0175 당신이 뭐라도 사러 나가기 전에 당신 자신의 집을 둘러보라.
Before you rush out to buy anything, **look around** your own home.

0176 그는 양팔을 내 허리에 감았다.
He **put** his arms **around** my waist.

0177 그 집 주변으로 높은 담장이 있다.
There is a high wall **around the house**.

0178 나는 식탁 주위에 6개의 의자를 설치했다.
I set 6 chairs **around the table**.

0179 누가 그 고양이의 목둘레에 방울을 달 것인가?
Who would **hang** the bell **around** the cat's neck?

0180 그는 그 목걸이를 그녀의 목에 걸어 주었다.
He **put** the necklace **around** her neck.

02 '여기저기에서'

0181 그는 집 주변을 둘러보았다.
He **looked around** the house.

0182 그 아이들은 그 집 주변에서, 숨바꼭질을 하고 놀았다.
The children were **playing** hide and seek **around** the house.

0183 시끄럽게 하면서 뛰어다니지 말아라.
Don't **run around** the floor making noises.

0184 이 주변에는 아무도 나타나지 않는다.
Nobody **comes around** here.

0185 나는 은퇴 후 세상을 돌아 여행을 할 작정이다.
I am going to **take a trip around** the world after I get retired.

around

03 around + 수량 : '대략'

0186 대략 5 시이다.
It's around five o'clock.

0187 그 손상을 수리하는데 대략 50불 정도가 필요하다.
Around 50 dollars is needed for repairing the damage.

0188 버스는 대략 정오 경에 도착할 예정이므로 약간 더 일찍 정류소에 있도록 하라.
The bus is scheduled to arrive around noon, so make sure you're at the station a bit earlier.

0189 정원이 활짝 핀 대략 12 종류의 꽃들과 함께 풍성해지고 있다.
The garden is flourishing, with around twelve different types of flowers in full bloom.

0190 설문 응답자의 약 절반이 그 새로운 회사정책에 만족감을 표했다.
Around half of the survey respondents expressed satisfaction with the new company policy.

04 주요 표현 정리

(01) around the clock : 24시간 내내

0191 24시간 내내 노력은 지속된다.
Efforts continue around the clock.

0192 그들은 24시간 내내 일하고 있다.
They have been working hard around the clock.

(02) get around : 빙 돌아가다

0193 그 절벽을 돌아가는 것은 어렵다.
It is hard to get around the cliff.

0194 책임지지 않고 회피할 수는 없다.
You can't get around without any responsibility.

(03) carry around : 휴대하고 다니다

0195 그녀는 뒤쳐진 독서를 따라잡을 필요가 있어서 어디를 가던 책을 휴대할 계획이다.
She needs to catch up on her reading, so she plans to carry around a book wherever she goes.

① around the clock	24시간 내내
② around the world	전세계에서

10

as

용법

(01) 자격 : '~로서'
(02) such와 호응하여 '예를 들어, ~같은'

주요 콜로케이션

① consider A as B
A를 B로 여기다

② describe A as B
A를 B로 묘사하다

③ look upon A as B
A를 B로 여기다

④ perceive A as B
A를 B로 인식하다

⑤ refer to A as B
A를 B로 부르다, 일컫다

⑥ regard A as B
A를 B로 여기다

⑦ see A as B
A를 B로 보다

⑧ such A as B
B와 같은 A

⑨ think of A as B
A를 B로 여기다

⑩ treat A as B
A를 B로 취급하다

⑪ view A as B
A를 B로 보다

01 자격 : '~로서'

0196 그는 성인(聖人)으로서 살았다.
He lived as a saint.

0197 그것은 칼로서 사용될 수 있다.
It can be used as a knife.

0198 소년 시절에 하늘을 날아 보려는 꿈을 꾸곤 하였다.
As (=When) a boy, he used to dream about the possibility of flying.

0199 영어교사(로서)의 지위를 얻기 위해서는 엄격한 시험이 있어야 한다.
There should be a strict test for a position as teacher of English.

0200 나는 그 거래에서 중개인 역할을 했다.
I acted as go-between in the deal.

0201 그들은 그를 멘토로서 존경한다.
They look up to him as their mentor.

0202 그는 돈을 모든 것으로 여긴다.
He regards money as everything.

0203 그는 나의 호의를 당연시했다.
He looked upon my hospitality as granted.

0204 그들은 우리를 꽤 게으르다고 본다.
They see us as rather lazy.

0205 그는 나를 꼬마로 취급한다.
He treats me as a kid.

0206 어린이들은 중년들을 매우 늙은 것으로 본다.
Children view middle-aged persons as quite old.

0207 그들은 대체로 20대 초반에 가족을 꾸린다.
They build a family in their early 20s as a rule.

0208 학자들은 당시 대개 가난했다.
Scholars were poor as a general thing at that time.

as

0209 비평가들은 그 소설을 복잡한 구성과 심오한 배역전개로 독자를 사로잡는 현대 문학의 걸작으로 묘사한다.
Critics describe the novel as a masterpiece of modern literature, captivating readers with its intricate plot and profound character development.

0210 그 선생님은 각각의 질문을 교실토론을 장려할 기회로 취급한다.
The teacher treats each question as an opportunity to foster classroom discussion.

0211 어떤 사람들은 난제들을 성장의 기회들로 인식한다.
Some people perceive challenges as opportunities for growth.

0212 그녀는 반응의견을 쓰기 기술을 개선 시킬 귀중한 도구로 여긴다.
She considers feedback as a valuable tool for improving her writing skills.

02 such와 호응하여 '예를 들어, ~같은'

0213 어떤 종류의 동물, 예를 들면 여우나 다람쥐에는 털이 텁수룩한 꼬리가 있다.
Some animals, such as the fox and the squirrel, have bushy tails.

0214 나는 소크라테스, 이순신 제독, 니콜로 파가니니와 같은 구 시대인들을 존경한다.
I respect such old timers as Socrates, Admiral Lee Sunshin, and Nicolo Paganini.

0215 악기를 배우는 것은 개선된 인지기술과 향상된 창의성과 같은 다양한 혜택들을 제공할 수 있다.
Learning a musical instrument can provide numerous benefits, such as improved cognitive skills and enhanced creativity.

0216 균형잡힌 교육은 수학, 과학, 문학, 역사와 같은 과목들을 포함한다.
A well-rounded education includes subjects such as mathematics, science, literature, and history.

① such A as B   B와 같은 A

11

as for

용법

(01) '~의 경우, ~에 관해서라면'

01 '-의 경우, -에 관해서라면'

0217 여행에 관해서는 나중에 정하자.
As for the journey, we will decide that later.

0218 (남은 어떤지 모르겠지만) 나는 불만입니다.
As for (=As to) myself, I am not satisfied.

0219 나에게는 증거가 필요할 것입니다.
As for me, I'll need proof.

0220 남자들의 경우, 안정성이 직업을 고를 때 두 번째로 우선시하는 요인입니다.
As for men, 'sustainability' is the second most favored factor in choosing a job.

0221 여자들의 경우, 직업을 구할 때 업무량과 업무시간이 직업의 연속성보다 우선시 됩니다.
As for women, 'workload and time' is preferred to 'sustainability' in their job seeking.

0222 나는 그 주제에 대해 익숙하지는 않지만 내 전문성에 관해서는 당신의 판매전략을 도울 수 있다.
I'm not familiar with that topic, but as for my expertise, I can help you with marketing strategies.

0223 예산에 관해서라면 우리는 어떤 결정들을 내리기 전에 신중하게 그것을 재검토할 필요가 있다.
As for the budget, we need to review it carefully before making any decisions.

12

as to

용법

(01) '대하여, 관하여'

01 '대하여, 관하여'

0224 그는 시간(길이)에 관해서는 아무 말도 없었다.
He said nothing as to hours.

0225 그들은 어느 편이 더 강한가에 대해 말다툼하고 있었다.
They were quarreling as to which was the stronger.

0226 그는 언제 온다고는 말하지 않았다.
He said nothing as to when he would come.

0227 누구도 무엇을 해야 할지를 결정할 수 없었다.
Nobody could decide (as to) what to do.

0228 왜 그 행사가 일정이 변경되었는지에 관해서 세부사항을 제공해 주세요.
Please provide details as to why the event was rescheduled.

0229 그 이메일은 다가올 회의에 대한 안건에 대해 많은 정보를 주지 않았다.
The email didn't offer much information as to the agenda for the upcoming conference.

0230 우리는 그 훈련활동이 취소되었는지의 여부에 대해 확인을 기다리는 중이다.
We're waiting for confirmation as to whether the training session has been canceled.

* 타동사 + as to 뒤에 wh~ 구조를 받을 때 as to는 생략 가능

13

at

용법

(01) at + 장소명사
(02) at + 겨냥의 대상이 되는 목표
(03) at + 시간, 시각, 시점 명사
(04) 감정변화 동사 + at : 감정변화의 원인
(05) at + 가격, 치수, 비율, 정도, 단위
(06) 동작동사 + at + 접촉면 강조명사
(07) be + 능력 평가 형용사 + at

(A - B) as to - at

주요 콜로케이션

①	bark at 보고 짖다	②	be awkward at ~에 서툴다	③	be bad at ~에 형편없다
④	be good at ~에 능하다	⑤	be poor at ~에 형편없다	⑥	be quick at ~에 기민하다
⑦	be slow at ~에 더디다	⑧	box at ~에 타격하다	⑨	call at ~을 방문하다
⑩	catch at ~을 붙잡다	⑪	cry at 보고 소리치다	⑫	gaze at 응시하다
⑬	get at 당도하다	⑭	glance at 힐끗 보다	⑮	gnaw at ~에 대고 갉다
⑯	honk at ~에게 경적을 울리다	⑰	joke at 놀리다	⑱	jump at ~에게 달려들다
⑲	knock at ~에 대고 두드리다	⑳	laugh at ~에게 크게 웃다, 비웃다	㉑	look at 쳐다보다
㉒	mock at 조롱하다	㉓	shoot at 맞히려고 쏘다	㉔	shout at 보고 소리치다

at

㉕	smile at 보고 미소 짓다	㉖	sneer at 코웃음 치다	㉗	stare at 응시하다
㉘	strike at ~에 가격하다	㉙	throw at ~에게 던지다	㉚	tug at ~을 잡고 끌다
㉛	yell at 보고 고함지르다				

01 at + 장소명사

(01) be + at + 장소명사 : '특정 활동을 하는 곳에 있다'

0231 나는 그 회의에 있었다. (회의 중)
I was at the conference.

0232 그녀는 그 장례식에 있었다. (장례식 중)|
She was at the funeral.

0233 당신은 어떤 일을 하는가? 무슨 일을 착수하고 있는가?
What are you at?

0234 나는 그 일에 착수해 있다.
I am at it.

(02) 동작동사 + at + 장소명사 : '~에서 ~하다'

0235 그는 우리 집에서 머물렀다.
He stayed at my house.

0236 그는 나의 가게에 들렀다.
He dropped at my shop.

> * in + 장소명사 와의 차이점은 in의 경우, 해당 장소 내부를 폭넓게 포함한다.
> 따라서, 보통 커다란 도시, 나라, 대륙 등에서 행위가 있을 경우, in Seoul,
> in America, in Europe 등이 된다.

> * at의 경우, 행위가 일어나는 작은 지점, 주소 등과 함께 사용된다.
> 따라서, at the market, at the shop, at 101, Baker street 등이 된다.

0237 그 홀의 끝에서 당신은 음용수대를 찾을 수 있다.
At the end of the hall, you can find a fountain.

0238 나는 그 산의 정상에 국기를 세웠다.
I put up the national flag at the top of the mountain.

0239 그 오두막은 그 언덕의 기슭에 위치되어 있다.
The cottage is located at the foot of the hill.

0240 해변에 앉자.
Let's sit at the beach.

02   at + 시간, 시각, 시점 명사

(01) at + 시간, 시각명사

0241 나는 그를 5시에 만났다.
I met him at 5 o'clock.

0242 나는 그에게 정오에 전화했다.
I called him at noon.

0243 그는 저녁 식사 때에 돌아왔다.
He came back at dinner time.

0244 지금은, 우리가 빈방이 없습니다.
We don't have any vacancies at present.

at

0245 그 당시, 나는 매우 외로웠다.
I was very lonesome at that time.

0246 당신의 주문품은 월초[말]에 준비될 것입니다.
Your order will be ready at the beginning[end] of the month.

0247 그것들은 동시에 땅에 떨어졌다.
They hit the ground at the same time.

0248 우리는 매년 이 시기에 손님이 많습니다.
We have lots of visitors at this time of (the) year.

0249 한 번에 한 가지씩 해라.
Please do one thing at a time.

0250 그는 한 걸음에 내 곁에 왔다.
He got near me at a gallop.

① at dawn	새벽에		② at daybreak	새벽에
③ at dusk	해 질 녘에		④ at first	처음에
⑤ at last	최후에		⑥ at midnight	자정에
⑦ at night	밤에		⑧ at noon	정오에
⑨ at sunrise	해 뜰 녘에		⑩ at sunset	해 질 녘에
⑪ at that moment	그 순간에		⑫ at that point	그 시점에
⑬ at the moment	그 순간에		⑭ at this moment	이 순간에

(02) at + 동작 시점

0251 한 눈에 나는 그를 알아보았다.
I recognized him at a glimpse.

0252 그는 단번에 그것을 삼켰다.
He swallowed it down at one gulp.

0253 나는 당신의 분부를 따릅니다.
I am at your command.

0254 그는 갑자기 나에게 저녁식사를 준비시켰다.
He got me to prepare dinner at short notice.

0255 내키실 때 방문해 주십시오.
Pay a visit to me at your disposal.

0256 그는 최상이어도 사기꾼이다.
He is a fraud at best.

0257 그 배는 정박 중이었다.
The ship was at anchor.

0258 그 두 국가는 전쟁 중이었다.
The two countries were at war.

0259 두 사람이 전방에서 작업 중이다.
Two men are at work ahead.

0260 그 납치된 아이의 생명이 위험에 처해있다.
The life of the abducted child is at stake.

0261 그녀는 식사를 거르는 법이 없고 지금도 식사 중이다.
She never misses a meal and she is at table.

0262 그는 늦게까지 일을 하며 지금도 업무 중이다.
He works late and he is at desk.

0263 내가 짧은 연설을 하는 동안 편한 상태로 서 있으라.
Stand at ease while I make a short speech.

at

0264 그리고 한 사람이 다른 사람들의 생각과 경험에 의해 자극을 받지 않고 혼자서 생각하는 것은 기껏해야 하찮거나 단조롭다.
And what a person thinks on his own without being stimulated by the thoughts and experiences of other people is at best insignificant and monotonous.

0265 그들은 우리가 미래의 무한한 가능성을 하나, 또는 적어도 몇 개로 줄여주도록 도와준다.
They help us narrow the infinity of possible futures down to one or, at least, a few.

0266 사람들이 근무 중에 최고의 생각을 내는 것은 드물다.
People rarely get their best ideas at work.

①	at a glance	한눈에	②	at first sight	첫눈에
③	at a breath	단숨에	④	at one gulp	한 번의 삼킴으로
⑤	at meal	식사 중인	⑥	at table	식사 중인
⑦	at breakfast	아침 식사 중인	⑧	at desk	사무 업무 중인
⑨	at work	작업 중인	⑩	at service	봉사, 예배중인
⑪	at church	예배 중인	⑫	at play	노는(가동,기동) 중인
⑬	at anchor	정박 중인	⑭	at ease	편안한 상태
⑮	at best	최상이라 해도	⑯	at worst	최악이라 해도
⑰	at most	기껏해야	⑱	at least	적어도
⑲	at a moment's notice	단박에, 금방, 한번 보아다	⑳	at short notice	급히, 여유를 주지 않고
㉑	at one's disposal	마음 내킬 때	㉒	at one's command	마음대로

03 at + 가격, 치수, 비율, 정도, 단위

0267 당신의 차는 시속 백 킬로미터에 있었다.
Your car was at 100 km an hour.

0268 나는 그것을 절반의 가격에 샀다.
I bought it at half the price.

0269 어떤 속도로 당신의 차를 운전했는가?
At what speed did you drive your car?

0270 물은 100도에서 끓는다.
Water starts to boil at 100 degrees.

0271 구리는 납보다 더 높은 온도에서 녹는다.
Copper melts at a higher degree than lead.

0272 그는 건강을 희생하여 원하는 바를 얻었다.
He got what he wanted at the cost of his health.

0273 그는 저임금으로 고용되었다.
He was hired at a low salary.

0274 우리는 어떤 대가를 치러도 그것을 되찾아야 한다.
We've got to get it back at all costs.

0275 그들이 진실을 말하였을 때 당신이 얼마나 화를 내고, 상처를 받고, 가증스럽게 변하는지 보게 되면 그들은 어떤 대가를 치러도 당신에게 말해주는 것을 피할 것이다.
If others see how angry, hurt, or hateful you become when they tell you the truth, they will avoid telling it to you at all costs.

0276 그 고화는 백만 불쯤으로 평가된다.
The old painting is estimated at about a million dollars.

0277 군중은 만 명으로 추정되었다
The crowd was approximated at 10,000.

at

04 be + 능력 평가 형용사 + at

0278 그는 계산이 서툴다.
He is poor at calculation.

0279 그는 설득에 능하다.
He is good at persuasion.

0280 편지 쓰는 것에 소질이 없어도 걱정하지 않아도 된다.
Don't worry if you're not good at writing letters.

0281 그는 학습에 기민하다.
He is quick at learning.

0282 당신은 농담에 둔감하다.
You are slow at jokes.

0283 그 운동선수는 큰 압박상황 동안에도 집중력을 유지하는데 뛰어나다.
The athlete is exceptional at maintaining focus during high-pressure situations.

0284 우리 팀은 사업환경의 변화하는 상황들에 적응하는데 탁월하다.
Our team is proficient at adapting to changing circumstances in the business environment.

0285 그는 고객과의 복잡한 협상들을 다루는데서 기술적이 되었다.
He has become skilled at handling complex negotiations with clients.

05 at + 겨냥의 대상이 되는 목표

0286 그는 조소하는 듯이 나를 쳐다보았다.
He looked at me scornfully.

0287 사람들은 진실을 위해 그것을 보려고 하지 않았다.
People would never look at it for the truth.

0288 그 호랑이는 그 멧돼지에게 달려들었다.
The tiger jumped at the swine.

0289 그들은 더 이상 그 꼬마를 비웃지 않았다.
They no more laughed at the little boy.

0290 그녀는 나에게 미소 지었다.
She smiled at me.

0291 그는 너의 심장을 겨누어 쏠 것이다.
He will shoot at your heart.

0292 그 개에게 돌을 던지지 마세요.
Do not throw a stone at the dog.

0293 사장은 그 실수 때문에 나에게 고함을 질렀다.
Boss yelled at me for the blunder.

0294 엄마는 나에게 조심하라고 소리쳤다.
Mom cried at me to watch out.

0295 그 또한 그 궁수에게 조준했다.
He also aimed at the archer.

0296 그 개는 보름달만 보고 짖는다.
The canine barks at nothing but a full moon.

0297 보행자들에게 경적을 울리지 마세요.
Do not honk at the pedestrians.

0298 왜 그런 식으로 나를 응시하는 것입니까?
Why are you staring at me like that?

전치사 & 콜로케이션 **105**

at

0299 그들은 공격할 기회를 찾으며 서로를 응시했다.
They **gazed** at each other for a chance to attack.

0300 그는 열등감으로 나에게 고함을 질렀다.
He **shouted** at me with a feeling of inferiority.

0301 그에게 달려들어라. (개에게) 물어라. 쏴라. 공격해라.
At him.

0302 그 아이들은 그 마법쇼의 놀라운 결말에서 숨이 멎었다.
The children gasped at the surprise ending of the magic show.

0303 그녀는 충분한 정보 없이 결정을 내리는 것에서 망설였다.
She hesitated at making a decision without sufficient information.

0304 그 고객들은 그 식당에서 음식을 오래 기다린 것에 불평했다.
The customers grumbled at the long wait for their food at the restaurant.

0305 그 학생들은 그 강의에서 주제를 파악하는 것에서 탁월했다.
The students excelled at grasping the main ideas from the lecture.

0306 그 참가자들은 시합우승자들의 발표에 환호했다.
The participants cheered at the announcement of the competition winners.

0307 그 직원들은 회사의 또다른 정책변경 소식에 한숨을 쉬었다.
The employees sighed at the news of yet another change in company policy.

06 감정변화 동사 + at : 감정변화의 원인

0308 나는 그 소식에 놀랐다.
I was **surprised** at the news.

0309 하지만 손전등을 가리면 물 속에 얼마나 많은 빛이 있는지 보고 깜짝 놀랄 것이다.
However, if you cover up your flashlight, you will be **surprised** at how much light there is underwater.

0310 나는 그가 돌아온다는 생각만으로도 떨렸다.
I **shuddered** at the very thought of his return.

0311 그는 나에게 화가 나 있다.
He **is mad** at me.

0312 분노로 당신은 누구한테 화를 내거나 소리를 지를 수 있다.
With anger, you can **get mad** at someone and yell.

0313 나는 당신의 기만적인 찬사에 화가 난다.
I **am angry** at your deceptive compliment.

0314 처음에 그 여자는 내 프로포즈에 당황해 보였다.
At first, she looked **embarrassed** at my proposal.

0315 나는 그 결과에 반가웠다.
I **am glad** at the result.

0316 우리는 그가 살아온 것에 놀랐다.
We **wondered** at his survival.

0317 나는 당신의 승리에 기뻤다.
I **rejoiced** at your triumph.

0318 그는 그 이야기의 예상치 못한 사건전개에 인상을 썼다.
He **frowned** at the unexpected turn of events in the story.

0319 그녀는 동료로부터의 예상치 못한 칭찬에 즐거웠다.
She was **delighted** at the unexpected compliment from her colleague.

0320 그는 회의 동안 갑작스런 상황 변화에 당황했다.
He was **bewildered** at the sudden turn of events during the meeting.

at

0321 그들은 친구의 성공 소식에 매우 기뻤다.
They were overjoyed at the news of their friend's success.

0322 그녀는 건강검진의 긍정적 결과에 안심이 되었다.
She felt relieved at the positive outcome of the medical test.

0323 그는 좋아하는 티비쇼에 대한 충격적 폭로에 오싹했다.
He was appalled at the shocking revelation about his favorite TV show.

0324 그 학생들은 깜짝 현장 학습의 발표에 짜릿했다.
The students were thrilled at the announcement of a surprise field trip.

0325 그녀는 어려운 순간 낯선이에 의해 보여진 친절에 감동받았다.
She was touched at the kindness shown by a stranger in a difficult moment.

0326 그는 구직에 대한 거절에 좌절했다.
He was disheartened at the rejection of his job application.

07　동작동사 + at + 접촉면 강조명사

0327　그 쥐들은 모든 가구에다 이를 대고 갉았다.
The mice **gnawed** at every piece of furniture.

0328　물에 빠진 사람은 지푸라기 하나라도 잡으려 한다.
A drowning person **will catch** at a straw.

0329　그는 너의 얼굴을 때리려 했다.
He tried to **strike** at your face.

0330　나는 문을 두드리고 있었다.
I **was knocking** at the door.

0331　어떻게 그 결론에 도달했습니까?
How **did** you **get** at the conclusion?

0332　그 새끼 고양이는 내 신발 끈을 잡아당겼다.
The kitten **tugged** at my shoelace.

0333　그 수사관은 나의 집을 방문했다.
The inspector **called** at my house.

0334　해결되지 않은 그 쟁점에 대한 생각이 그녀의 마음 뒤편에 남아있었다.
The thought of the unresolved issue lingered at the back of her mind.

0335　그 갈등이 한 때 튼튼했던 그들의 우정을 쪼아댔다.
The conflict chipped away at their once-strong friendship.

0336　그 실수에 대한 죄책감이 그녀의 양심을 갉아서 집중하는 것을 어렵게 만들었다.
The guilt of the mistake nibbled at her conscience, making it hard to focus.

14

because of

용법

(01) because of + 원인 : '~때문에'

01　because of + 원인 : '~때문에'

* because는 접속사로 뒤에서 절을 받고, because of는 전치사이므로 뒤에서 명사, 대명사, 동명사, wh~ 구조를 받음.

0337　나는 너 때문에 그를 쏘아야 한다.
I have to shoot him because of you.

0338　벌어졌던 일 때문에 그는 외출하려고 하지 않았다.
Because of what had happened, he was unwilling to go out.

0339　어지럽혀져 있었기 때문에 그녀는 스타킹을 찾을 수 없었다.
Because of the general disorder, she was unable to find her stockings.

0340　그것은 너 때문이다.
It is because of you.

0341　그것은 부분적으로 날씨 때문이다.
It's partly because of the weather.

0342 만에 하나 당신이 나를 고용하지 않기로 한다면 그것은 내 나이 때문이라고 나는 추정할 수밖에 없다.
Should you choose not to hire me, I have to assume it's **because of my age**.

0343 그 행사는 성공적이었는데 기획자가 세심하게 계획했던 것 때문이었다.
The event was successful **because of** the meticulous planning by the organizers.

0344 그 계획은 예상보다 앞서 완수되었고 그 공로는 헌신적인 팀에게로 돌아가는데 그들 때문에 그 과업들이 효율적으로 관리되었기 때문이다.
The project was completed ahead of schedule, and credit goes to the dedicated team, **because of** whom the tasks were efficiently managed.

0345 그 비행은 기술적 문제로 지연되었는데 그것 때문에 승객들은 공항에서 기다려야 했다.
The flight was delayed because of technical issues, **because of** which passengers had to wait at the airport.

15 before

용법

(01) before + 물리적 위치 : '~의 앞에서'
(02) before + 시간상 ~전에
(03) 순서, 순위상 앞서서
(04) 주요 표현 정리

주요 콜로케이션

① appear before
~앞에 나타나다

② come before
~보다 앞에 오다, 우선하다

③ look before
~전에 살펴보다

01 before + 물리적 위치 : '~의 앞에서'

0346 당신은 왕 앞에 나설 것입니까?
Will you stand before the King?

0347 너의 문제를 내 앞에 털어놓아라.
Just put your matter before me.

0348 그의 면전에서 어떻게 그렇게 말하나요?
How can I say so before his face?

0349 당신은 그 제안된 변화들에 대해 연설하기 위해 위원회 앞에서 설 준비가 되어 있습니까?
Are you prepared to speak before the committee about the proposed changes?

02 before + 시간상 ~전에

0350 5시 전에 오시오.
Come before five o'clock.

0351 너무 늦기 전에 줄거리를 완성하시오.
Your synopsis must be completed before too late.

0352 그의 생애는 이제부터이다.
His whole life is before him.

0353 여름방학이 아이들을 기다리고 있었다.
Summer holidays were before the children.

0354 열 시 오 분 전이다.
It's five minutes before ten.

0355 그것은 기원전 20년에 일어났다.
It happened 20 years before Christ.

0356 머지않아 비가 퍼부을 것이다.
It will not be long before it pours.

0357 전채는 전통적 식사예절에서 주요리 보다 먼저 제공된다.
The appetizer is served before the main course in traditional dining etiquette.

0358 우리가 효율적으로 각 주제를 관장할 수 있도록 회의 소집에 앞서 안건을 재검토하세요.
Please review the agenda before the conference call so that we can efficiently cover each topic.

0359 자만심이 늘 몰락의 앞에 오기 마련이다.
Pride always comes before a fall.

before

03 순서, 순위상 앞서서

0360 이익보다는 양심을 앞세워라.
Put conscience before profits.

0361 나는 항복하느니 차라리 죽겠다.
I'll die before giving in.

0362 나는 샤워를 먼저 하겠다.
I would take a shower before other things.

0363 만사를 제쳐놓고 아기부터 먹여라.
Feed the baby first before everything else.

> * before는 뒤에서 절을 받아서 접속사로도 사용 가능.

① as before		예전처럼
② before Christ		예수님 이전, 기원전
③ the night (year) before		그 전날 밤, 그 전 해
④ the day before yesterday		그저께

04 주요 표현 정리

(01) before long : 머지 않아, 오래지 않아

0364 The project will be completed before long.
그 프로젝트는 머지 않아 완수될 것이다.

(02) before too late : 너무 늦기 전에

0365 너무 늦기 전에 그 문제에 대처하는 것이 중요하다.
It's essential to address the issue before it's too late.

(03) before anything else : 다른 무엇보다도

0366 다른 무엇보다도 주요 우선순위들을 토론하자.
Let's discuss the main priorities before anything else.

(04) before my time : 내가 태어나기 전

0367 That event occurred before my time, so I'm not familiar with it.

(05) before the fact : 실행 전에

0368 그들은 실행 전에 그 계획을 토론해서 모두가 같은 입장에 있도록 확실히 했다.
They discussed the plan before the fact, ensuring everyone was on the same page.

16
behind

용법

(01) behind + 장소명사 : '~의 뒤에서'

(02) behind + 시간명사 : '~의 뒤에서, 뒤처져'

(03) 주요 표현 정리

주요 콜로케이션

① fall behind
뒤로 처지다

② leave behind
뒤에 남겨 두다, 버리다

01 behind + 장소명사 : '~의 뒤에서'

0369 그 소년은 문 뒤에 숨어 있었다.
The boy was hiding behind the door.

0370 나는 그의 말의 참뜻을 이해하려고 애썼다.
I tried to go behind his words.

0371 나의 뒤에서 험담(뒷담화)을 하지 말라.
Don't talk behind my back.

0372 달은 구름 뒤에서부터 나왔다.
The moon came out from behind the clouds.

0373 운전 중에는 얼굴에 휴대폰을 대고 통화하시면 안 됩니다.
When you are behind the wheel, you should not talk on the cell phone over your ear.

0374 그들은 그 당시 감옥에 있었다.
They were behind bars at that time.

0375 커튼 뒤에는 총을 가진 그 늙은 선장이 앉아 있었다.
Behind a curtain sat the old captain with a gun.

0376 그는 자신의 뒤에 있는 나무에 못으로 박혔다.
He is nailed to the wood behind him.

0377 그는 종종 기차에다 물건 등을 두고 내린다.
He often leaves things behind on a train.

behind

02 behind + 시간명사 : '~의 뒤에서, 뒤처져'

0378 그는 시대에 뒤처져서 사는 것을 좋아한다.
He likes to live behind the times.

0379 만약, 지각하면, 다시는 수업에 참여할 수 없다.
If you should ever get behind time, you can't come into the classroom for good.

0380 예정보다 한 시간 늦었다.
You are an hour behind schedule.

①	behind the times	시대에 뒤쳐진
②	behind time (schedule)	예정보다 늦은
③	behind the scenes	드러나지 않고, 은밀히

03 주요 표현 정리

(01) left behind : 뒤 쳐진, 홀로 남겨진

0381 그녀는 친구들이 경력을 밀고 나감에 따라 뒤 쳐진 느낌을 받았다.
She felt left behind as her friends moved on with their careers.

(02) leave behind : 뒤에 남겨 두다, 버리다

0382 누구라도 뒤에 남겨두는 것은 정당하지 않다 모두가 포함되도록 하자.
It's not fair to leave anyone behind; let's make sure everyone is included.

(03) behind the eight ball : 난처한 상황에 처한
(당구게임에서 8번 공을 마지막에 쳐야하는 룰)

0383 그들은 예상치 못한 재정적 하락세 후에 난처한 상황에 있는 자신들을 발견했다.
They found themselves behind the eight ball after the unexpected financial downturn.

(04) behind closed doors : 은밀하게

0384 그 협상은 닫힌 문들 뒤에서(은밀하게) 일어났다.
The negotiations took place behind closed doors.

(05) the man behind the curtain : 막후 조종자

0385 그는 조종의 끈들을 잡아당기는 막후 실세이다.
He's the man behind the curtain, pulling the strings of the operation.

(06) trailing behind : 한 참 뒤 쳐진

0386 그 팀은 전반에 한 참 뒤 쳐졌었다.
The team was trailing behind in the first half of the game.

17 below

용법
(01) 거리, 시간, 장소, 계급 등의 기준점 이하
(02) 주요 표현 정리

01 거리, 시간, 장소, 계급 등의 기준점 이하

0387 당신은 그녀의 오른 눈 바로 아래에서 작은 점 하나를 발견할 것이다.
You can find a small mole just below her right eye.

0388 그 땅의 일부 지역들은 해수면 아래에 위치되어 있다.
Some parts of the land are located below sea level.

0389 그 선의 아래에 당신의 이름을 적어주세요.
Please write your name below the line.

0390 당신의 점수는 평균 이하이다.
Your scores are below the average.

0391 그녀의 나이는 머지않아 오십이다.
She is not much below fifty.

0392 소령은 대령보다 아래이다.
A major is below a colonel.

02 주요 표현 정리

(01) below the norm : 기준 이하

0393 그녀의 시험 점수는 지속적으로 기준 이하였는데 특정 과목들에서 추가적 도움에 대한 필요성을 보여준다.
Her test scores were consistently below the norm, indicating a need for additional support in certain subjects.

(02) below the mark : 기대 이하

0394 선수권대회에서 그 팀의 실적은 팬들을 실망시키면서 이전의 실적으로 표시된 기대이하로 떨어졌다.
The team's performance in the championship fell below the mark set by their previous achievements, leaving fans disappointed.

(03) below the radar : 눈길을 끌지 못한, 주목 받지 못한

0395 그의 전통을 벗어난 미술스타일은 비평가들에게 주목받지 못하는 경우가 자주 있지만 그것은 충성스런 숨겨진 지지층을 가지고 있다.
His unconventional art style often goes below the radar of mainstream critics, but it has a dedicated underground following.

(04) below par : 기준 이하

0396 그 직원의 최근 작업은 평상시 높은 수준들에 비해 기준 이하였기에 실적 재검토를 유발시켰다.
The employee's recent work was below par compared to his usual high standards, prompting a performance review.

18 beneath

용법

(01) 위치상 바로 아래에
(02) 신분, 가치 등이 낮은
(03) 주요 표현 정리

01 위치상 바로 아래에

* under, below 보다 문어적, 문학적

0397 우리는 별들 아래에서 대화하고 춤도 추었다.
We talked and danced **beneath the stars**.

02 신분, 가치 등이 낮은

0398 그 사람은 경멸의 가치도 없다.
The man is beneath contempt.

0399 그 그림은 주목의 가치가 없다.
The painting is beneath notice.

0400 그는 신분이 낮은 사람과 결혼했다.
He married beneath his station.

①	beneath a stormy sky	역경 하에서
②	far beneath a person	누구보다 훨씬 아래의
③	beneath contempt	경멸할 가치 없는
④	beneath notice	주목할 가치 없는

03 주요 표현 정리

(01) beneath one's dignity : 품위에 어울리지 않는

0401 그의 동료들 사이에 발생한 사소한 말싸움에 엮이는 것을 거부하면서 그는 그런 행동을 그의 품위에 어울리지 않는 것으로 여기며 온화한 태도를 유지했다.
Refusing to engage in the petty arguments that had erupted among his colleagues, he maintained a calm demeanor, considering such behavior to be beneath his dignity.

19

beside

용법

(01) beside + 장소명사 : '~의 옆에서'
(02) beside + 비교대상 : '~와 비교하여'
(03) beside + 본질 : '~에서 벗어나서'

01 beside + 장소명사 : '~의 옆에서'

0402 그는 내 곁에 앉았다.
He sat beside me.

0403 우리는 안개 속에서 나무 옆에 서 있는, 양 한 마리를 본다.
We see a sheep standing beside a tree in the fog.

0404 그의 옆 조수석에는 한 노인이 있다.
Beside him in the passenger seat is an old man.

02 beside + 비교대상 : '~와 비교하여'

0405 당신 것에 비교하여, 저의 몫은 매우 적어 보입니다.
Beside yours, my share seems very small.

0406 당신의 기술들에 비교해서 나의 것은 초보적인 것으로 보인다.
Beside your skills, mine appear rudimentary.

0407 그들의 것에 비교해서 우리의 기여는 사소하게 느껴진다.
Beside theirs, our contribution feels minor.

03 beside + 본질 : '~에서 벗어나서'

0408 그것은 핵심을 벗어나 있다.
That's beside the point.

0409 그는 기뻐서 제정신이 아니었다.
He is beside himself with joy.

20 besides

용법
(01) besides + 핵심명사 : '~에 덧붙여'
(02) 부정문, 의문문 등에서는 : '제외하고'

01 besides + 핵심명사 : '~에 덧붙여'

0410 시장(市長)님 외에도 많은 분들이 참석했다.
Besides the mayor, many other people were present.

0411 도서관은 책을 빌려주는 것에 더해 여러 가지 편의를 제공해 준다.
Besides lending books, libraries offer various other services.

0412 사악한 범죄자인데다가 그는 세계 평화에 진정한 위협이다.
Besides being a vicious criminal, he is a real threat to world peace.

02 부정문, 의문문 등에서는 : '제외하고'

0413 우리는 단지 그 사람에 관해서만 이야기했다.
We spoke of no one besides him.

0414 너희 둘을 제외하고 여기 누가 또 있는가?
Is there anybody here besides you two?

0415 도박으로 버리는 것 말고, 그 돈으로 뭔가 좋은 것을 할 수 없을까?
Can you do something good with your money besides just throwing it away on a gamble?

21 between

용법
- (01) 장소나 시간 또는 두 개의 실체 사이에
- (02) 주요 표현 정리

01 장소나 시간 또는 두 개의 실체 사이에

* between A and B / between + 복수명사

0416 서울과 인천 사이의 어떤 지점에서 만나자.
Let's meet somewhere **between Seoul and Incheon**.

0417 나는 월요일과 금요일 사이에 여기에서 일한다.
I work here **between Monday and Friday**.

0418 그 합계를 반씩 나누자.
Let's divide the sum **between us**.

0419 그 일은 그 두 사람이 함께 완성했다.
The job was completed **between the two**.

0420 그 사이에는 무엇인가가 있다.
There is something in **between**.

0421 그 둘 사이에 들어가자.
Let's get **between them**.

0422 그것은 나와 그녀 사이의 일이다.
That's **between me and her**.

between

0423 그 두 감옥 사이에는 튼튼한 철제 바가 있다.
There are strong metal bars between the two cells.

0424 그녀는 작은 웃음, 혹은 웃음과 울음 사이의 무엇인가의 소리를 내었다.
She gave a little laugh, or something between laughing and crying.

0425 너희들 둘 사이에 무슨 일이 있는 거지?
What's going on between you two?

0426 너와 그 사람 사이에 점점 멀어지는 간격을 느낀다.
I'm sensing a real distance growing between you and him.

0427 행간의 의미를 읽는 것이 필요하다.
You'd better read between the lines.

0428 나는 당신과 그녀 사이에 방해가 되고 싶지는 않다.
I don't want to come between you and her.

0429 너는 교수형과 총살형 중에서 선택할 수 있다.
You can choose between being hanged and shot.

0430 그는 의자인지 소파인지 어중간한 것에 앉았다.
He sat on something between a chair and a sofa.

0431 놀람과 슬픔 사이에서 그녀는 할 말을 잃었다.
Between astonishment and sorrow, she was at a loss what to say.

02 주요 표현 정리

(01) between the ears : 두뇌, 머리

0432　그 어려운 수수께끼 게임에서 그녀의 성공은 그 두뇌의 명민함을 잘 보여주었다.
Her success in the challenging puzzle game showcased her sharpness between the ears.

(02) between a dog and a lamppost : 벗어날 길이 없는, 난감한

0433　두 완고한 당사자들과의 협상은 개와 가로등 기둥 사이에 있는 듯 난감하게 느껴졌다.
(개가 산책 도중 가로등 기둥에 배뇨하는 습성을 반영하여 떼려야 뗄 수 없는 관계 혹은 벗어날 길이 없는 상황을 비유함)
Negotiating with two stubborn parties felt like being between a dog and a lamppost—no easy way out.

(03) between the sheets : 침대 속에서

0434　그 커플은 그들이 좋아하는 영화를 보면서 이불 속에서 조용한 저녁을 즐겼다.
The couple enjoyed a quiet evening between the sheets, watching their favorite movie.

0435　그녀는 느긋한 일요일 아침 동안 이불속에서 그동안 못 읽었던 책을 읽었다.
She caught up on her reading between the sheets during a lazy Sunday morning.

(04) fall between the cracks : 간과 당한, 잊혀진, 무시당한

0436　그 쟁점은 해결책에 대해 누구도 책임지지 않는 상태로 보이지 않는 틈 사이에 파묻힌 것처럼 보였다.
The issue seemed to fall between the cracks, with no one taking responsibility for its resolution.

22 beyond

용법

(01) 특정 장소를 넘어서
(02) 특정 시각을 지나서
(03) 정도, 한계, 범위를 넘어서서
(04) 주요 표현 정리

주요 콜로케이션

① **be beyond** 능력을 넘다
② **go beyond** 범위를 넘다
③ **look beyond** 너머를 보다

01 특정 장소를 넘어서

0437 많은 언덕을 넘어가면 무지개가 있을지도 모른다.
There may be a rainbow **beyond many hills**.

0438 바다 저편으로부터 커다란 배가 와서 우리를 구해 줄 것이다.
A great ship will come to save us from **beyond the sea**.

02 특정 시각을 지나서

0439 그는 평상시의 시간을 지나서 퇴근하고 있다.
He comes back from work beyond the usual hour.

03 정도, 한계, 범위를 넘어서서

0440 나로서는 알 수 없다. 나는 할 수 없다.
It's beyond me.

0441 그런 것들은 내가 믿을 수 없다
Such things are beyond my belief.

0442 .그러한 일은 내 능력을 벗어난 것이다.
The task is beyond my power.

0443 그는 영어에 있어서 나를 훨씬 넘어섰다.
He has gone far beyond me in English.

0444 그는 수입을 넘어선 과분한 생활을 한다.
He lives beyond his income.

0445 그 경치는 묘사를 넘어선다 (묘사할 수 없을 정도다).
The scenery is beyond description.

0446 그는 잘하고 있다. 실제로 그는 그 자신을 넘어섰다.
He is doing well. Actually he is going beyond himself.

0447 나는 이것을 제외하고는 아무것도 모른다.
I know nothing beyond this.

beyond

04 주요 표현 정리

(01) beyond the shadow of a doubt : 일말의 의심없이

0448 법정에서 제시된 그 증거는 피고가 무죄라는 것에 대한 일말의 의심없이 설득적이었다.
The evidence presented in the trial was compelling, beyond the shadow of a doubt that the defendant was innocent.

0449 그녀의 헌신과 근면은 자신에게 올해의 직원상을 안겨주면서 확실시 되었다.
Her dedication and hard work were beyond the shadow of a doubt, earning her the Employee of the Year award.

(02) beyond belief : 믿기 어려운

0450 그 환자의 기적적 회복은 부상의 심각성을 고려할 때, 믿기 어려웠다.
The miraculous recovery of the patient was beyond belief, considering the severity of the injuries.

(03) beyond compare : 비교불가한

0451 그 산들 너머로 지는 해의 숨 멎을듯한 아름다움은 비교를 넘어선 것이었다.
The breathtaking beauty of the sunset over the mountains was beyond compare.

0452 그의 요리 솜씨는 비교불가여서 그가 마련하는 모든 음식은 걸작이었다.
His culinary skills were beyond compare ; every dish he prepared was a masterpiece.

(04) beyond one's wildest dreams : 상상을 넘어서는

0453 그 복권에 당첨된 것은 그녀의 상상을 넘어선 일이었고 그녀는 자신의 행운을 믿기 어려웠다.
Winning the lottery was beyond her wildest dreams; she could hardly believe her luck.

0454 그들의 신규사업의 성공은 세계적으로 알려지며 최초에 시작할 때 상상했던 것을 넘어섰다.
The success of their startup, reaching global markets, was beyond their wildest dreams when they first started.

(05) beyond the call of duty : 의무 이상 헌신적인

0455 그 소방대원은 타는 건물에서 갇힌 가족을 구하기 위해 능력 밖으로 헌신했다.
The firefighter went beyond the call of duty to rescue the trapped family from the burning building.

(06) beyond the pale : 과도한, 경계를 넘어선

0456 그 공식행사에서 그의 행동은 참석한 모든 이를 당황하게 하는 과도한 것이었다.
His behavior at the formal event was beyond the pale, embarrassing everyone present.

0457 그런 무례한 말을 사용하는 것은 경계를 넘어선 것으로 전문 직업적 상황에서는 용인되지 못한다.
Using such offensive language is beyond the pale and should not be tolerated in a professional setting.

(07) beyond words : 형언할 수 없는

0458 그 숨 멎을듯한 경치는 그들을 말문이 막히게 만들었는데 그것은 형언할 수 없는 광경이었다.
The breathtaking scenery left them speechless; it was a view beyond words.

(08) beyond measure : 측정할 수 없는, 대단한, 무한한

0459 그 공동체에 끼친 그녀의 영향은 대단한 것으로서 많은 개인들의 삶에 직접적으로 닿았다.
Her impact on the community was beyond measure; she had touched the lives of countless individuals.

0460 그들이 그 재회에서 느꼈던 기쁨은 측정할 수 없는 것이었는데 그들이 서로를 마지막으로 본 이후 수년의 세월이 흘렀었다.
The joy they felt at the reunion was beyond measure; it had been years since they last saw each other.

beyond

(09) beyond reproach : 비난할 수 없는

0461 그의 도덕적 행동과 사업에서의 성실성은 그에게 동료들의 신뢰를 가져다 주는 비난할 수 없는 것이었다.
His ethical conduct and integrity in business were beyond reproach, earning him the trust of his colleagues.

0462 그 운동선수의 공정한 경기와 스포츠정신에 대한 헌신은 타에 모범이 되며 완벽한 것이었다.
The athlete's dedication to fair play and sportsmanship was beyond reproach, setting a positive example for others.

(10) beyond the scope : 예상을 벗어난

0463 그 과학적 발견의 난해함은 연구자들 대부분의 예상을 벗어난 것으로서 집단적 노력을 요구했다.
The complexity of the scientific discovery was beyond the scope of most researchers; it required a collaborative effort.

23 but

용법

(01) but : ~를 제외하고

(02) but for : ~없다고, 없었다고 가정한다면

* 전치사 but 은 '-를 제외하고' 라는 예외의 의미를 갖습니다. 그런데 원래 전치사 뒤에는 명사, 대명사, 동명사가 와야 하지만 이 전치사 but 은 예외적으로 뒤에 모든 요소를 다 받을 수 있습니다.

01 but : ~를 제외하고

0464 가장 용감한 병사들을 제외하고 누구도 적의 영역에 감히 들어가지 못했다.
None but the bravest soldiers dared to venture into the enemy territory.

0465 그녀는 가장 가까운 친구들을 제외하고 그 누구에게도 가장 깊은 비밀을 말하지 않았다.
She trusted none but her closest friends with her deepest secrets.

0466 몇 명의 학생을 제외하고 모두가 그 시험에 통과했다.
All but a few of the students passed the exam.

0467 John and Sarah를 제외하고 모두가 그 파티에 초대되었다.
Everyone was invited to the party but John and Sarah.

0468 그는 그녀의 결심을 존경할 수 밖에 없었다. (-하는 것을 빼고는 상황을 피할 수 없다 즉 -할 수 밖에 없다.
He couldn't help but admire her determination.

0469 그녀는 그의 농담에 웃을 수 밖에 없었다.
She couldn't help but laugh at his joke.

but

0470 나는 놀라서 쳐다볼 수 밖에 없었다. (놀라서 쳐다보는 것을 빼고는 아무것도 할 수 없었다)
I couldn't do anything but watch in amazement.

0471 당신 이외는 모두 준비가 되었다.
Everyone is ready but you.

02 but for : ~없다고, 없었다고 가정한다면

0472 당신의 도움이 없었다면 나는 그것을 제때에 끝낼 수 없었을 것이다.
But for your help, I wouldn't have been able to finish the project on time.

0473 그 교통체증이 아니었다면 우리는 공항에 일찍 도착했을 것이다.
But for the traffic jam, we would have arrived at the airport early.

0474 그녀의 격려가 없었다면 나는 꿈을 포기했을지도 모른다.
But for her encouragement, I might have given up on my dream.

0475 비오는 날씨가 아니라면 우리는 공원에서 소풍을 즐길 수 있을 것이다.
But for the rainy weather, we could have a picnic in the park.

24 by

용법

(01) 위치상 옆의, 곁의
(02) 통과, 경로
(03) 행위자, 수단, 방법, 매개
(04) 단위표시
(05) 수량 차이
(06) 관계, 성품, 출생, 이름, 직업 등의 관용표현
(07) by + 시기 (완료나 개시의 시기)
(08) by + ing : '~함으로써(수단)'
(09) A by A : A단위씩
(10) by + 교통수단 (무관사)
(11) '붙잡다' 류 동사 + 목적어 + the + 신체일부
(12) 곱셈 · 나눗셈
(13) 주요 표현 정리

주요 콜로케이션

① **abide by** 지키다, 따르다
② **come by** 획득하다, 들르다
③ **go by** 지나가다
④ **stand by** 곁에 서다

by

01 위치상 옆의, 곁의

0476 바닷가에 집이 한 채 있다.
There is a house by the seaside.

0477 그것은 지금 내 곁에는 없다.
I haven't got it by me.

0478 매일 밤 나는 창가에 앉아 그가 돌아오기를 기다렸지요.
Every night, I sat by the window waiting for him to come back.

0479 그것을 테이블 옆에 놓아주세요.
Put it by the table.

02 통과, 경로

0480 나는 고속도로를 따라 운전하고 있었다.
I was driving by the highway.

0481 나는 그 강가를 지나쳤다.
I passed by the river.

0482 그는 나의 곁을 지나쳤다.
He went by me.

0483 나는 이탈리아를 경유하여 여행했다.
I traveled by Italy.

03 행위자, 수단, 방법, 매개

0484 결과에 따르면 30%의 추측만이 옳았는데, 이는 우연에 의해 예상되는 것과 다를 게 없는 것이다.
The result showed that only 30% of the guesses were correct, which is not different from what would be expected by chance.

0485 나는 남자 종업원에 의해 시중받고 싶다.
I like being waited on by a male server.

0486 나는 구름의 모양으로 비가 온다고 말한다.
I tell it is going to rain by the look of the clouds.

0487 우리는 그들이 설정한 규칙들로 경기해야 한다.
We must play by the rules they set.

0488 사람은 그 친구에 의해 알려진다.
A man is known by the company he keeps.

0489 표지로 책을 판단하지 마라.
Don't judge a book by its cover.

0490 그 물주기는 기계에 의해 행해진다.
The watering is done by the machine.

0491 전자메일로 나에게 연락하시겠어요?
Will you contact me by e-mail?

0492 원자력에 의해 도시생활이 가능하다.
By atomic power, the city life is possible.

0493 나는 달빛으로 그 강을 헤엄쳐 건넜다.
I swam across the river by the moonlight.

0494 그는 뒷문으로 그 집을 떠났다.
He left the house by the back door.

0495 Scott이 쓴 소설은 잘 팔린다.
Novels by Scott sell well.

by

04 단위표시

0496 시간 단위로 차를 빌릴 수 있습니까?
Can I rent a car by the hour?

0497 설탕은 킬로그램 단위로 판매됩니다.
Sugar is sold by the kilogram.

0498 저는 일당을 받습니까?
Am I paid by the day?

05 수량 차이

0499 그는 나보다 세 살이 많다.
He is older than I by 3 years.

0500 그는 머리카락 굵기 차이로 차에 치이는 것을 피했다.
He avoided being hit by a car by a hair's breadth.

0501 우리는 3점 차이로 그 경기를 졌다.
We lost the game by 3 points.

0502 그는 월등하게 최고인 선생님이다.
He is by far the best teacher.

06 관계, 성품, 출생, 이름, 직업 등의 관용표현

0503 그는 원래 성품이 잔인하다.
He is brutal by nature.

0504 그는 태생이 이라크인이다.
He is an Iraqi by birth.

0505 마찬가지로, 각각의 나무와 풀들이 죽음과 탄생으로 교체가 되어도 숲은 숲으로 남는다.
Likewise, the forest remains a forest, while individual trees are removed by death and replaced by birth.

0506 그는 이름이 아놀드로 불렸다.
He was called Arnold by name.

0507 나는 직업이 신경정신과 의사이다.
I am a psychiatrist by profession.

0508 나는 그를 이름은 들어 알고 있다.
I know him by name.

0509 나는 괜찮다.
It's okay by me.

07 by + 시기 (완료나 개시의 시기)

0510 다음 주까지는 그것을 완료하겠습니다.
By next week, I'll have finished it.

0511 이번 주말까지는 숙제를 제출하시오.
Please hand in your paper by the end of this week.

0512 내가 돌아올 때까지는 그것을 마치세요.
Please get it done by the time I come back.

0513 내일까지는 돌아오겠다.
I will be back by tomorrow.

by

08 by + ing : '~함으로써(수단)'

0514 좀 더 강력한 방화벽을 설치함으로써 우리는 더 안전한 저장을 기대한다.
By installing a tighter firewall, we expect a safer storage.

0515 그는 소화기를 사용함으로써 화재를 진압했다.
He put out the fire by using the extinguisher.

0516 음주와 흡연으로 당신의 건강을 해치지 말라.
Do not ruin your health by smoking and drinking.

0517 인상을 씀으로써 그는 자기의 감정을 보이려 했다.
By making a face, he tried to show his feeling.

09 A by A : A 단위 씩

0518 조금씩 그는 그들의 생활방식을 배웠다.
Little by little, he learned their way of life.

0519 당신은 그것을 하룻밤 새 할 수는 없다. 한 걸음씩 해라.
You can't do it overnight. Just do it step by step.

0520 그는 매일 조금씩 나아지고 있다.
He is getting better day by day.

0521 온도가 매년 조금씩 오른다.
Temperature rises year by year.

0522 그 새들은 한 마리씩 날아서 돌아왔다.
The birds flew back one by one.

10 by + 교통수단 (무관사)

0523 이것을 항공 등기 우편으로 보내주세요.
Please send this by air registered mail.

0524 그는 지하철로 출근한다.
He goes to work by subway.

① by bus	버스로	② by taxi	택시로
③ by train	기차로	④ by airplane	비행기로
⑤ by ship	배로	⑥ by boat	보트로
⑦ by bicycle	자전거로	⑧ by steamer	증기선으로
⑨ by air	항로로	⑩ by sea	해로로
⑪ by land	육로로	⑫ by subway	지하철로

11 '붙잡다' 류 동사 + 목적어 + the + 신체일부

0525 그는 내 팔을 잡았다.
He took me by the arm.

0526 그는 그녀의 머리칼을 잡았다.
I caught her by the hair.

0527 그는 내 멱살을 잡았다.
He grabbed me by the collar.

0528 그는 내 소매를 잡아당겼다.
He pulled me by the sleeve.

0529 그는 그 식물들을 뿌리들 채 뽑았다.
He pulled the plants by the roots.

by

12 곱셈 · 나눗셈

0530 8에 2를 곱하세요.
Multiply 8 by 2 = 8 × 2

0531 8을 2로 나누세요.
Divide 8 by 2 = 8 ÷ 2

0532 나는 폭 12 피트, 길이 15피트의 방을 임대(임차)한다.
I rent a room (of) 12 ft. by 15 (ft.)

0533 나는 세로 5인치에 가로 8인치의 카드를 이용한다.
I use 5 - by - 8 inch card.

13 주요 표현 정리

(01) abide by : '지키다'

0534 그는 항상 그 규칙을 지킨다.
He always abides by the rule.

(02) by all means : '어떻게 해서라도'

0535 머물 곳을 찾는 것이 어려우시면 어떻든 간에 제가 모시겠습니다.
If you have trouble finding a place to stay, be my guest, by all means.

(03) by means of : '~을 수단으로'

0536 그는 울타리 그 자체를 이용하여 그 급류로부터 빠져나왔다.
He pulled himself out of the rushing water by means of the fence itself.

0537 최근에는 그러나, 생물학자들이 이러한 기술들의 도움으로 더 자세히 들을 수 있게 되어서, 기린들이 우리가 들을 수 있는 방법은 아니지만, 말을 한다는 것을 깨달았다.
In recent years, however, biologists have been able to listen more carefully by means of these technologies and have realized that giraffes may talk, though not in a way that we can hear.

(04) by mistake : '잘못하여'

0538 나는 실수로 당신 번호를 돌렸다.
I dialed your number by mistake.

(05) by no means : '결코 아니다'

0539 유전적으로 우월한 사람들에게, 성공은 달성하기 더 쉽긴 하지만, 결코 보장되는 것은 아니다.
For the genetically superior, success is easier to attain but is by no means guaranteed.

(06) by the way, : '그런데'

0540 그런데 나는 당신의 억양이 좋다.
By the way, I like your accent.

(07) come by : '획득하다, 잠시 들르다'

0541 오늘 오후에 잠시 들르겠습니까?
Will you come (drop) by this afternoon?

0542 어떻게 그 총을 입수했나요?
How did you come by the gun?

by

(08) go by : '경과하다, 지나가다'

0543 시간이 감에 따라 우리는 옛날을 그리워하게 된다.
As time goes by, we miss the old days.

(09) by chance : '우연히'

0544 많은 발명품들이 우연에 의해 만들어졌다.
Many inventions were made by chance.

(10) stand by : '대기하다, 곁에 서다'

0545 그는 잠시 문가에 서 있었다.
He stood by the door for a moment.

0546 그들을 계속 대기시키시오.
Have them standing by.

(11) by design : 의도적으로, 기획된

0547 그 건축가는 독특하고 기능적인 공간을 만들어서 모든 요소가 기획적으로 놓여지도록 했다.
The architect created a unique and functional space, ensuring every element was placed by design.

(12) by popular demand : 대중적 수요에 의해

0548 그 밴드는 지지자들이 그들의 음악을 충분히 접할 수 없어서 투어일정을 대중적 수요에 맞추어 늘리기로 결정했다.
The band decided to extend their tour by popular demand, as fans couldn't get enough of their music.

(13) by default : 기정값으로, 기본조건으로

0549 당신이 선택을 하지 않으면 컴퓨터는 기본조건으로 선택을 할 것이다.
If you don't make a selection, the computer will choose by default.

(14) by the same token : 같은 방식으로

0550 우리가 학생들에게 선생님들을 존경하길 기대한다면 같은 방식으로 선생님들 또한 학생들에게 존중을 보여주어야 한다.
If we expect students to respect teachers, by the same token, teachers should also show respect to their students.

(15) by a long shot : 압도적으로

0551 그녀는 팀에서 가장 빠른 주자가 아니었지만 모두를 놀라게 하며 그 경주를 압도적으로 이겼다.
She wasn't the fastest runner on the team, but she won the race by a long shot, surprising everyone.

(16) by the numbers : 숫자로, 수치로

0552 관리자는 각각의 이정표와 지표를 검토하며 수치로 그 프로젝트의 진행상황을 분석했다.
The manager analyzed the project's progress by the numbers, reviewing each milestone and metric.

(17) by hook or by crook : 어떤 수단을 써서라도

0553 마라톤을 완주하겠다고 결심하여 그녀는 어떤 수단을 써서라도 그것을 끝내겠다고 스스로 다짐했다.
Determined to finish the marathon, she promised herself she would complete it by hook or by crook.

(18) by a stroke of luck : 운 좋게도

0554 그들은 운 좋게도 소파와 쿠션 사이에 낀 잃어버린 열쇠를 찾아냈다.
They found the missing keys by a stroke of luck, tucked between the sofa cushions.

(19) by and large : 대체로

0555 대체로 고객들로부터의 반응은 몇 가지 사소한 불만과 함께 긍정적이었다.
By and large, the feedback from customers has been positive, with only a few minor complaints.

TOP VOCA
PREPOSITION
COLLOCATION

전치사 & 콜로케이션

D - I

- despite
- down
- during
- except
- for
- from
- from behind
- in
- inside
- in spite of
- into

despite
(in spite of)

용법

(01) 무상관 : '~에도 불구하고'
(02) 주요 표현 정리

01 무상관 : '~에도 불구하고'

0556 그는 노령에도 불구하고 매우 건강하다.
He is very well **despite his age**.

0557 당신의 명백한 열의에도 불구하고, 이러한 노력은 단지 너무 위험하다는 비판이 많다.
Despite your obvious enthusiasm, there's been a lot of criticism that this endeavor is simply too dangerous.

0558 눈물에도 불구하고 그녀는 나에게 미소 지으려 했다.
Despite the tears, she tried to give me a smile.

0559 힘들지만 한 시간 내에 20바퀴를 수영하라.
Despite the pain, swim 20 laps within an hour.

0560 그녀는 자신도 모르게 눈물을 흘렸다.
She shed tears **in spite of herself**.

0561 그의 습관을 잘 알고 있음에도 그는 때때로 내 기대를 저버린다.
Despite my knowledge of his habits, he sometimes betrays my expectation.

0562 그녀가 내 곁에 더 이상 없다는 사실에도 불구하고 나는 마치 그녀가 내 곁에 있다고 느낀다.
Despite the fact that she is no longer here with me, I feel as though I am not alone.

0563 머리 위의 구름 낀 하늘에도 나는 외출하는 것이 매우 즐거웠다.
I was so pleased to go out in spite of the gloomy skies overhead.

0564 그들의 조심스러운 평상복 선택에도 불구하고 그들은 거만한 도시인들의 전형처럼 보였다.
In spite of their careful choice of casual dress, they looked like the epitome of snobbish city people.

① in spite of oneself	부지불식간에, 자기도 모르게
② despite the fact that 절	어떤 사실에도 불구하고

02 주요 표현 정리

(01) despite all odds : 모든 역경에도 불구하고

0565 모든 역경에도 불구하고 그들은 밑바닥으로부터 성공적인 사업을 일구어낼 수 있었다.
Despite all odds, they managed to build a successful business from the ground up.

(02) despite everything : 모든 것에도 불구하고

0566 모든 것에도 불구하고 그녀는 미래에 대해 낙관적인 상태를 유지했다.
Despite everything, she remained optimistic about the future.

(03) despite the challenges : 난관에도 불구하고

0567 그들이 직면한 난제들에도 불구하고 그 팀은 업무를 제시간에 완수했다.
Despite the challenges they faced, the team completed the task in time.

(04) despite the difficulties : 어려움에도 불구하고

0568 그 언어를 이해하는 데 있어서의 어려움에도 불구하고 그는 자신의 연구에서 뛰어났다.
Despite the difficulties in understanding the language, he excelled in his studies.

26

down

용법

(01) 운동상 아래쪽
(02) 기운의 쇠퇴, 하락
(03) '철저히, 완전히'
(04) 주요 동사와 함께 사용
(05) 주요 표현 정리

주요 콜로케이션

①	**boil down** 졸이다	②	**break down** 고장나다	③	**button down** 꽉 고정시키다
④	**close down** 폐쇄하다	⑤	**come down** 병나다, 내려오다	⑥	**count down** 초읽기를 하다
⑦	**fall down** 떨어지다	⑧	**get down** 자세를 낮추다	⑨	**go down** 내려가다
⑩	**let down** 실망시키다	⑪	**lie down** 드러눕다	⑫	**look down on** 경멸하다
⑬	**pay down** 계약금을 지불하다	⑭	**pin down** 핀으로 고정시키다	⑮	**pour down** 쏟아붓다
⑯	**run down** 수명을 다하다	⑰	**settle down** 정주하다	⑱	**shut down** 일시 폐쇄하다
⑲	**sit down** 앉다	⑳	**step down** 사직하다	㉑	**take down** 내리다
㉒	**turn down** 거절하다	㉓	**water down** 물을 타다	㉔	**write down** 받아 적다

01 운동상 아래쪽

0569 내려와 주시겠어요? 가격을 좀 낮추어 주실래요?
Would you please come down?

0570 그 기차는 그 역에서 몇몇 승객들을 태우고 내린다.
The train picks up and puts down a few passengers at the station.

0571 총을 내려놓아라.
Put down your gun.

0572 나는 내 머리를 그 베개 위에 눕혔다.
I laid down my head on the pillow.

0573 길을 따라 걷다가 나는 오랜 친구 하나를 만났다.
Walking down the street, I met an old friend of mine.

02 기운의 쇠퇴, 하락

0574 그 손전등 안의 건전지가 약해지고 있다.
The battery in the flash light is running down.

0575 속도를 줄이세요. 여긴 너무 가파르군요.
Please slow down. It is too steep here.

0576 그녀는 감기로 병약해졌다.
She came down with a flu.

0577 그 소식을 듣고 가슴이 내려앉았다.
My heart sank down when I heard the news.

0578 소리를 좀 낮추어 주시겠어요?
Would you please turn the volume down?

0579 선반에서 접시들과 그릇을 내려주세요.
Get the dishes and pottery down from the shelf.

0580 그는 말해지고 있는 사실을 종이에 적는데 유능하다.
He is good at putting down on paper what is being spoken.

down

03 '철저히, 완전히'

0581 커다란 건물을 한순간에 완전히 무너뜨리는 것은, 이제 과학의 한 분야이다.
It is now a branch of science to break down a great building in a moment.

04 주요 동사와 함께 사용

(01) get down : '자세를 낮추다'

0582 엎드려. 우리는 공격받고 있다.
Get down. We are under attack.

(02) take down : '내리다, ~를 꺾다, 분해하다'

0583 그는 많은 적 전투기들을 격추시켰던 것으로 유명했다.
He was famous for having taken down a lot of enemy fighters.

(03) step down : '사직하다'

0584 Nixon 대통령은 그 불법 도청으로 하야해야 했다.
Nixon had to step down for the illegitimate bugging.

(04) write down : '받아 적다'

0585 알았습니다. 제가 그것을 적겠습니다.
OK, let me write it down.

0586 아마 당신의 목표에 집중하는 가장 효과적인 방법은 그것을 (종이에) 쓰는 방법일 것이다.
Possibly the most effective way to focus on your goals is to write them down.

0587 그의 일은 바로 그의 머리에서부터 흘러나오는 것처럼 보이는 아름다운 음악적 생각을 기록하는 것이었다.
His job was to write down the beautiful musical thoughts which seemed to flow from his brain.

(05) count down : '초 읽기를 하다'

0588 아래로 내리 세어주실래요, 올려 세지 마시고?
Will you please count down not up?

(06) let down : '실망시키다'

0589 그런 회의론으로 나를 실망시키지 마세요.
Don't let me down with such skepticism.

(07) boil down : '졸이다'

0590 그 글을 한, 두 줄로 요약하는 것이 중요합니다.
It is important to boil down the passage into one or two lines.

(08) water down : '물을 타다, 적당히 조절하다'

0591 그는 비용 압박으로 인하여 오랫동안 유명하던 그 대합조개탕을 묽게 제조하기 시작했다.
He started to water down the long-famous clam chowder from the cost pressure.

0592 그 칵테일을 희석시키려고 하지 말라.
Don't try to water down the cocktail.

(09) go down : '내려가다'

0593 세종로를 만날 때까지 이 길을 내려가세요.
Go down the street until you meet the Sejong Avenue.

0594 그 여름 동안의 어느 토요일, 나는 아빠에게 그가 운동장에 내려가서 나와 함께 농구를 할 수 있는지를 물었다.
One Saturday during the summer, I asked my father if he would go down to the schoolyard and play basketball with me.

down

(10) look down on : '경멸하다'

0595 그는 마치 내가 아무것도 아닌 듯이 깔보았다.
He looked down on me as if I were nothing.

(11) pour down : '쏟아붓다'

0596 비가 퍼부을 것처럼 보인다.
It looks like it's going to pour down.

(12) sit down : '앉다'

0597 나와 이야기할 때 좀 앉아 주실래요?
Will you please sit down while you talk to me?

0598 글을 쓰기 위해 앉는 행동은 당신의 삶을 감사하는 마음으로 채우는 걸 도와줍니다.
The act of sitting down to write helps to fill your life with appreciation.

(13) turn down : '거절하다'

0599 그들이 내 제안을 거절할까요?
Will they turn down my offer?

(14) settle down : '정주하다, 편히 앉다'

0600 그들 대부분은 그 마을에 정착하기로 결심했다.
Most of them decided to settle down in the village.

(15) shut down : '일시 폐쇄하다'

0601 그 기계는 매우 자주 고장 난다.
The machine shut down so often.

(16) run down : '수명을 다하다'

0602 그 시계는 그가 감지 않아서(태엽시계의 경우) 곧 풀려서 멈출 것이다.
The clock will soon run down because he hasn't wound it up.

(17) lie down : '드러눕다'

0603 그녀는 약간 걷고 나서 누워야 한다.
She must lie down after she walks some distance.

(18) break down : '고장나다, 극복하다'

0604 우리 인간들은 백 년도 안 되어서 고장 난다.
We humans break down within a hundred years.

0605 숲에서 생명을 다한 유기체들은 분해되어 흙으로 바뀌는데, 그것은 다른 유기체들에게 영양분이 된다.
The dead bodies of organisms in the forest are broken down and turned into soil, which in turn nourishes other organisms.

(19) pay down : '계약금을 지불하다'

0606 그것을 소유하기 위해서 총액의 적어도 30%를 선불로 내야 합니다.
You have to pay down at least 30% of the total price to own it.

(20) button down : '단추 등으로 꽉 고정시키다'

0607 그의 상의의 단추를 채우는 것을 좋아한다.
He likes to button down his jacket.

(21) pin down : '핀으로 밟다, 고정시키다'

0608 곤충 박제사들이 각각의 곤충을 가장 우수한 자세로 핀으로 고정시키는 것이 가장 복잡한 부분이다.
It is the most complicated part for an insect taxidermist to pin down each insect in the best position possible.

(22) come down : '병나다, 내려오다'

0609 그는 독감으로 몸져 누웠다.
He came down with the flu.

down

(23) fall down : '떨어지다'

0610　그는 오래된 우물 아래로 떨어져서 의식을 잃었다.
　　　He fell down an old well and lost consciousness.

(24) close down : '폐쇄하다'

0611　그 국제 전염병은, 많은 식품 업자들이 그들의 가게와 점포를 폐쇄하게 했다.
　　　The pandemic caused many grocers to close down their shops and stores.

05　주요 표현 정리

(01) down to earth : 겸손한, 현실적인

0612　그의 성공에도 불구하고 그는 겸손하고 범접하기 쉬운 상태를 유지했다.
　　　Despite his success, he remained down to earth and approachable.

0613　그녀는 현실적이고 진정성있는 사람을 제대로 평가한다.
　　　She appreciates people who are down to earth and genuine.

(02) down the road : 앞으로, 펼쳐질, 미래의

0614　우리는 앞으로 다가올 기회들을 생각하며 미래에 대한 계획을 짜고 있다.
　　　We're planning for our future, thinking about the opportunities down the road.

0615　앞으로, 당신은 그 기회를 잡지 않은 것을 후회할지도 모른다.
　　　Down the road, you might regret not taking that chance.

(03) down and out : 절망적인

0616　직업을 잃은 후 그는 한동안 절망적으로 느꼈다.
　　　After losing his job, he felt down and out for a while.

0617　그녀는 지원과 격려를 제공하면서 그가 절망적일 때 도움이 되었다.
　　　She was helpful when he was down and out, providing support and encouragement.

(04) down the line : 앞으로, 장기적으로, 미래에

0618 우리는 결정을 내리기 전에 장기적으로 그 결과들을 고려할 필요가 있다.
We need to consider the consequences down the line before making a decision.

0619 당신이 오늘 하는 투자들은 미래에 이익이 될 것이다.
The investments you make today can pay off down the line.

(05) down the drain : 수포로 돌아간, 물거품이 된,

0620 그 계획이 취소되었을 때 우리의 모든 노력이 하수도 아래로 흘러나간 것처럼(헛된) 보였다.
All our efforts seemed to go down the drain when the plan was canceled.

0621 수년에 걸친 노력이 단 하나의 실수로 물거품이 되었다.
Years of hard work went down the drain due to a single mistake.

(06) down for the count : 지쳐 쓰러진

0622 긴 하루 후에 나는 대체로 저녁 10시 무렵이면 지쳐 쓰러진다.
After a long day of work, I'm usually down for the count by 10 PM.

0623 그 권투선수는 강력한 펀치를 맞았고 쓰러졌다.
The boxer took a powerful punch and was down for the count.

(07) down in the dumps : 우울한, 버려진

0624 그녀는 애완동물이 죽은 후 우울한 상태이다.
She's been down in the dumps since her pet passed away.

0625 거절편지를 받는 것은 누구라도 우울한 상태에 빠뜨릴 수 있다.
Getting a rejection letter can put anyone down in the dumps.

down

(08) down the hatch : 건배
(위장으로 가는 식도의 뚜껑 아래로 내려보낸다는 의미)

0626 마시기 전에 그는 잔을 들고 '건배'라고 말했다.
Before taking a drink, he raised his glass and said, "Down the hatch!"

(09) down to the wire : 끝까지 접전을 벌이는
(경마에서 결승선에 걸친 와이어로 판정하는 방식에서 우열을 가리기 힘든 상황을 비유함)

0627 경쟁은 치열했고 승자가 발표되기 전까지 그것은 접전이었다.
The competition was intense, and it went down to the wire before a winner was declared.

0628 우리는 간발의 차로 시간에 맞추어 보고서를 제출했다.
We handed in our report just in time, down to the wire.

(10) down the rabbit hole : 토끼굴
('이상한 나라의 앨리스'에서 작가 루이스 캐롤이 고안한 표현으로 복잡하고 낯선 세계로 들어가는 입구를 상징함)

0629 그녀가 그 주제를 연구하기 시작한 후, 정보의 토끼굴 속으로 빠져서 시간 가는 줄 몰랐다.
Once she started researching the topic, she went down the rabbit hole of information, losing track of time.

0630 온라인 검색을 조심하시오. 당신은 산만함의 토끼굴로 빠질지도 모릅니다.
Be careful with online searches; you might find yourself going down the rabbit hole of distractions.

(11) down and out : '지쳐있는'

0631 당신이 지치고 힘들 때 내가 곁에 있다는 것을 기억하라.
When you are down and out, remember that I am near.

(12) downtown : '중심가, 빈민가'

0632 우리는 쇼핑하러 시내로 간다.
We are going downtown for shopping.

(13) uptown : '주거지, 부촌'

0633 나는 빈촌에, 그녀는 부촌에 산다.
I live downtown and she lives uptown.

(14) ups and downs : '부침, 오르락 내리락'

0634 그들은 정서적 부침을 겪고 있다.
They experience emotional ups and downs.

27 during

용법

(01) 특정한 행위나 사건 동안에

* dur-라는 어원에서 분사화하여 전치사처럼 사용하는 during

01 특정한 행위나 사건 동안에

0635 그 학생들은 시험시간 동안 조용한 상태를 유지했다.
The students remained quiet during the exam.

0636 그녀는 긴 비행동안 책을 읽었다.
She read a book during the long flight.

28 except

용법

(01) except
(02) except for : ~를 제외하고, 제외한

주요 콜로케이션

① cannot help but V.R
~할 수 밖에 없다

② have no choice but + to V.R
~할 수 밖에 없다

01 except (but)

(01) '제외하고, 제외한'

0637 순응하는 것을 제외하고 그 상황은 어쩔 도리가 없다.
There is no way for it except to comply.

0638 나는 그와 결혼하는 것을 제외하고 선택의 여지가 없다.
I have no choice except to marry him.

0639 그 큰 섬에 있는 발전기에서 나오는 것을 제외하면 전력이 없다.
There is no power except from the generator on the big island.

0640 우리는 밤에 우는 새 그리고 귀뚜라미를 제외한 아무것도 못 듣는다.
We hear nothing except night birds and crickets.

0641 이곳을 통해서를 제외하고, 그곳으로 출입하는 다른 길은 없나요?
Is there any other way in or out of there except through here?

except

0642 백악관은 '논평 없음'이라고 말하는 것을 제외하고는 공식적 입장이 없다.
The White House has no official position except to say 'no comment'.

0643 그들은 그 장면에서 요리사 모자를 쓰고 있었다는 사실을 제외하고는 그 합창단의 모형 복제품 같은 옷을 입고 있었다.
They are dressed as miniature copies of the chorus in that scene except that they are wearing cook hats.

0644 사람들이 유명한 사람과 말할 때 흔히 하는 실수는 유명한 사람들이 그들의 직업 외에는 아무것도 모른다고 생각하는 것이다.
A common mistake in talking to celebrities is to assume that they don't know much about anything else except their occupations.

① but for A	만일 A가 없다면, 없었다면
② all but A	A를 제외한 모두, 거의 A
③ nothing but A	단지 A

02 except for : ~를 제외하고, 제외한

0645 몇 개의 오타를 제외하고 이 책은 잘 써졌다.
This book is well written except for a few misspellings.

0646 벽에 난 틈새에서 자라는 잡초들을 제외하고는 생명체의 흔적은 없다.
There is no sign of life except for the weeds growing between the cracks in the walls.

0647 그는 짧은 바지(혹은 아래 속옷)를 잡아당겨 벗고 검정 양말을 제외한 나체인 채로 서 있었다.
He pulled off his briefs and stood naked except for the black socks.

0648 호텔 간판을 제외한 모든 불이 꺼졌다.
All the lights were out except for the motel sign.

0649 John을 제외하고 모두가 그 파티에 갔다.
Everyone went to the party except (for) John.

0650 바나나를 제외하고 나는 모든 과일들을 냉장고에 넣는다.
Except for the bananas, I put all the fruits in the refrigerator.

0651 타이어를 제외하고 그의 차는 멋져 보인다.
His car looks great except for the tires.

29 for

용법

- (01) for + 대리, 대용 : '~대신에'
- (02) for + 옹호, 찬성, 지지
- (03) 이익, 적합성
- (04) for + 같은 값·교환·보상
- (05) for + 목적지나 행선지
- (06) for + 획득의 목적물
- (07) for + 원인, 이유 : '때문에'
- (08) 추구나 탐색, 갈망, 요구 동사 + for
- (09) for + 비교기준 : '비하여'
- (10) for + 시간의 길이 : '~동안'
- (11) 관련 : '~에 대하여'
- (12) 자격, 가치, 평가
- (13) for + 명사 + to + 동사원형
- (14) 주요 표현 정리
- (15) 동사 + for

주요 콜로케이션

①	account for 설명하다	②	allow for 참작하다	③	answer for 책임지다
④	apply for 신청하다	⑤	ask for 요청하다	⑥	call for 요구하다
⑦	care for 돌보다, 좋아하다	⑧	come for ~위해 오다	⑨	compensate for 보상하다
⑩	compete for 얻으러 싸우다	⑪	crave for 갈망하다	⑫	go for 얻으러 가다
⑬	grope for 더듬어 찾다	54	hope for 소망하다	⑭	long for 갈망하다

⑮	look for 찾아보다	⑯	make for 향하다	⑰	pass for ~로 통하다
⑱	pay for 대가를 지불하다	⑲	prepare for ~에 대비하다	⑳	search for 찾다
㉑	seek for 추구하다	㉒	send for 부르러 보내다	㉓	stand for 나타내다
㉔	strive for 애써서 구하다	㉕	wait for 기다리다	㉖	wish for 소망하다
㉗	yearn for 갈망하다				

01 for + 대리, 대용 : '~대신에'

0652 당신 대신 이야기 해주길 원하십니까?
Do you want me to speak for you?

0653 나는 그 시각장애인 대신 편지를 써준다.
I write a letter for the blind man.

0654 당신 대신 문을 열어드릴까요?
Shall I open the door for you?

02 for + 옹호, 찬성, 지지

0655 당신은 기꺼이 나라를 위해 죽겠습니까?
Are you willing to die for your country?

0656 당신은 그 전쟁에 찬성입니까, 혹은 반대입니까?
Are you for or against the war?

0657 그것에 완전히 찬성합니다.
I am all for it.

for

03 이익, 적합성

0658 당신을 위한 선물이 여기 있습니다.
Here is a present for you.

0659 나는 조그마한 인쇄소를 위해 일하고 있어요.
I am working for a small publishing company.

0660 나를 위해 공간 좀 내어주세요.
Please make room for me.

0661 내 생각에 그것은 아이에게는 지나치게 좋은 것입니다.
I think this is too good for a child.

0662 나는 소년용의 잡지를 하나 사겠습니다.
I will buy a magazine for boys.

0663 등산하기에 알맞은 시기입니다.
It is the right time for mountain climbing.

0664 그는 심미안이 있다.
He has an eye for beauty.

04 for + 같은 값 · 교환 · 보상

0665 눈에는 눈으로 응대한다.
I give blow for blow.

0666 1달러에 10개를 살 수 있습니다.
You can have ten for a dollar.

0667 눈에는 눈으로 응대하는 것이 그의 삶의 방식이다.
An eye for an eye is his way of life.

0668 나는 10달러짜리 수표 한 장이 필요합니다.
I need a check for $10.

0669 나는 그것을 5달러로 샀다.
I bought it for 5 dollars.

0670 당신은 재떨이로 그 접시를 사용해도 됩니다.
You can use the dish for an ashtray.

0671 당신의 채무에 대해 살점 일 파운드를 떼어내도 괜찮겠는가?
Could I cut off a pound of flesh for your debt?

05 for + 목적지나 행선지

0672 그는 유럽으로 떠났다.
He started for Europe.

0673 그 비행기는 서쪽을 향하고 있다.
The plane is heading for the west.

0674 그 기차는 서울행이다.
The train is bound for Seoul.

0675 서울행 승객들은 승선해 주십시오.
Passengers for Seoul should board now.

0676 뉴욕행 비행기가 일 번 탑승구에서 탑승 중입니다.
The flight for New York is now boarding at gate 1.

for

06   for + 획득의 목적물

0677   그는 단지 빵 한 덩어리를 얻기 위해 여기에 왔다.
He came here for just a loaf of bread.

0678   그는 점심을 먹기 위해 그 식당에 간 것이 아니라 항의하기 위해 갔다.
He didn't go to the restaurant for lunch but to complain.

0679   산책하러 나가자.
Let's go out for a walk.

0680   지금 당장 의사를 부르러 사람을 보내라.
Please call for a doctor immediately.

0681   나는 답을 얻기 위해 기다리겠다.
I will wait for an answer.

0682   그는 나에게 음식을 얻기 위해 의존하고 있다.
He depends on me for food.

0683   나는 단지 한마디 충고를 얻으려고 이 편지를 쓰고 있어요.
I'm just writing this letter for a piece of advice.

0684   친구가 무엇을 위해 존재하겠는가? 친구 좋다는 게 무엇인가?
What are friends for?

07 for + 원인, 이유 : '때문에'

0685 그는 많은 이유로 여기에 오지 못했다.
He did not come for many reasons.

0686 사람들은 많은 이유로 그러한 교환들을 하기를 바란다.
People desire to make such exchanges for many reasons.

0687 그는 기뻐서 소리 질렀다.
He shouted for joy.

0688 늦은 것에 대한 너의 변명은 말이 되지 않는다.
Your excuse for being late is a nonsense.

0689 짙은 안개 때문에 아무것도 안 보인다.
I can't see anything for the fog.

0690 운전사는 그 사고로 벌을 받았다.
The driver was punished for the accident.

0691 그 소녀를 구출했기 때문에 상을 받았다.
He was rewarded for saving the girl's life.

0692 내가 그 사건에 대해 비난받을 책임이 있습니다.
I am to blame for the accident.

0693 멕시코의 아카풀코는 그 아름다운 해변 때문에 유명하다.
Acapulco is famous for its beautiful beaches.

0694 나에게 해준 것에 대해 감사합니다.
Thank you for what you've done to me.

0695 나는 과속으로 벌금을 받았다.
I was fined for speeding.

for

08 추구나 탐색, 갈망, 요구 동사 + for

0696 나는 더 나은 미래를 찾습니다.
I look for a brighter future.

0697 나는 진실을 찾고 있어요.
I am searching for truthfulness.

0698 진동으로 윙윙대는 당신의 전화기 좀 찾아보세요.
Why don't you listen for your buzzing cell phone.

0699 그들은 텐트를 세울 더 나은 장소를 찾았습니다.
They hunted for a better place to pitch a tent.

0700 나는 더듬어서 스위치를 찾으려 애썼다.
I tried to feel for the switch.

0701 나는 새 차 한 대를 갈망한다.
I long for a brand new car.

0702 맥주 한 잔만 더 주세요.
Let me ask for one more glass of beer.

09 for + 비교기준 : '비하여'

0703 그 소년은 자기의 나이에 비해 나이 들어 보인다.
The boy looks old for his age.

0704 4월치고는 날씨가 꽤 춥다.
It is rather cold for April.

10 for + 시간의 길이 : '~동안'

0705 최근 십 년간 내가 늦어 본 적이 있나요?
Have I ever been late for work **for the last ten years**?

0706 당신은 평생 후회할 것이다.
You will be sorry **for life**.

0707 나는 당신을 영원토록 사랑한다.
I love you **for ever**.

0708 그는 죽은 지 삼 년이다.
He has been dead **for 3 years**.

0709 그는 지금 돌아온 지 삼 일째다.
He has been back now **for 3 days**.

0710 그는 여기에 오랫동안 있지는 않을 것이다.
He won't be here **for long**.

11 관련 : '~에 대하여'

0711 그 문제에 대해서 나는 의견이 없다.
I have no opinion **for that matter**.

0712 꽃에는 치유력이 있다 - 나무, 맑은 공기, 그리고 달콤한 향기의 토양에도 있다. 단지 정원을 걷는 것, 혹은 드물게는 당신 창밖으로 정원을 보는 것이 혈압을 낮추고, 스트레스를 줄이고, 고통을 완화 시킬 수 있다.
There is healing power in flowers and in trees, fresh air, and sweet-smelling soil. Just walking through a garden or, **for that matter**, seeing one out your window, can lower blood pressure, reduce stress, and ease pain.

0713 그것에 대해서는 그만하면 충분하다.
So much **for that**.

0714 동양의 풍습에 대해서는 아무 말도 하지 않았다.
Nothing was said **for eastern customs**.

for

12 자격, 가치, 평가

0715 그는 종종 그의 형제로 잘못 여겨진다.
He is taken for his brother.

0716 그것을 사실이라고 알고 있다.
I know it for a fact.

0717 그를 행방불명된 (죽은) 것으로 단념하였다.
He was given up for lost [dead].

0718 너는 나를 당연시 한다.
You take me for granted.

0719 나이대가 다른 사람들은 행동이 다르다는 것을 우리는 당연시 한다.
We take it for granted that people of different ages behave differently.

0720 나를 무엇으로 여기는 것이냐?
What do you take me for?

13 for + 명사 + to + 동사원형

* 부정사의 행위상 주어를 나타내기 위하여

0721 이제 내가 가야 할 때다.
It is time for me to go.

0722 그가 가기란 불가능하다.
For him to go would be impossible.

0723 비서가 그가 서명할 편지를 쓴다.
The secretary writes letters for him to sign.

0724 여기에 당신이 써도 좋은 돈이 있다.
Here is some money for you to spend.

0725 계집애가 엄마에게 그런 투로 말을 하다니!
For a girl to talk to her mother like that!

0726 내가 지나가도록 발을 치워 주겠습니까?
Would you please move your leg for me to pass by?

14 주요 표현 정리

(01) for ever : '영원히'

0727 난 여기서 영원히 머물겠다.
I'll stay here for ever.

(02) for all + A : 'A에도 불구하고'

0728 그의 모든 단점에도 불구하고 나는 그를 선생으로서 존경한다.
For all his faults, I respect him as a teacher.

(03) for good : '영원히'

0729 나는 그가 영원히 우리 팀을 떠났으면 한다.
I want him out of our team for good.

(04) for one's part : '~의 입장에서'

0730 나의 입장에서, 나는 진실을 밝히기 위해 내가 할 수 있는 만큼을 했다.
For my part, I've done as much as I can to bring the truth to light.

(05) for it : '그 상황에 대해'

0731 당신은 그 상황에 대해 무언가를 할 수 있다고 생각하는가?
Do you think you can do something for it?

0732 그 상황에서는 도망치는 길밖에 없었다.
There was nothing for it but to run.

for

(06) for nothing : '거저, 헛되이'

0733 나는 그것을 거저 얻었다.
I got it for nothing.

0734 내가 그것을 헛수고했다고 말하려는 것인가?
Are you trying to say that I did it for nothing?

(07) for sale : '판매용'

0735 이것은 판매용이 아닙니다.
This is not for sale.

(08) for one's life : '목숨을 구하러'

0736 그는 살기 위해 달렸다.
He ran for his life.

(09) for fear of + A : 'A를 두려워하여, ~하지 않도록'
for fear that S (should) P : '~할까 두려워, ~하지 않도록'

0737 그는 아기가 깰까 두려워서 나에게 조용히 하라고 말했다.
He told me to be silent for fear of waking the baby.

0738 그는 비가 올까 두려워서 우산을 가져갔다.
He took the umbrella for fear that it should rain.

(10) if it were not + for + A : '만일 A가 없다면'
if it had not been for + A : '만일 A가 없었다면'

0739 그 가습기가 없다면 나는 잠들 수 없을 것이다.
If it were not for the humidifier, I couldn't get to sleep.

(11) for one thing : '우선 한가지로'

0740 우선 그는 얼간이다.
For one thing, he is a jerk.

0741 우선, 그들은 무료 갤러리의 비용이 너무 크기 때문에 방문객들이 입장료를 내야 한다고 한다.
For one thing, they say that the cost of free galleries is so high that visitors should pay admission.

(12) for one′s own good : '~를 위하여'

0742 너를 위하여 나는 내가 하는 일을 하는 것이다.
What I do, I do for your own good.

(13) for better or worse : '좋던 나쁘던'

0743 아인슈타인이, 더 좋든 나쁘든, 원자시대의 창시자였다.
Einstein fathered, for better or worse, the atomic age.

(14) for oneself : '혼자 힘으로, 자신을 위하여'

0744 그는 그녀를 위해서라기보다는 그 자신을 위해서 그렇게 했다.
He did so more for himself than for her.

0745 그가 자기 몫은 얼마나 많이 챙겼냐?
How much did he keep for himself?

0746 나는 날씨가 변하는 것을 스스로도 알겠다.
I can see for myself that the weather is changing.

0747 나는 스스로 찾아야만 했다.
I had to find out for myself.

(15) for all I care : '~해도 상관하지 않겠다.'

0748 당신 역시 죽을 수도 있지만 상관하지 않겠다.
You can die too for all I care.

for

(16) for example, for instance : '예를 들어'

0749 예를 들어 당신은 왜 이 일을 원하는 것이지요?
For example, why do you want this job?

0750 한 어린 소년은, 예를 들어, 그의 코 때문에 자신이 매력적이지 못하다고 생각할 수 있다.
A young boy, for example, may believe that he is unattractive because of his nose.

(17) for the sake of : '~를 위하여'

0751 경제를 위하여, 북대서양 방위기구나 미 중앙정보국에 한마디도 하지 마세요.
For the sake of the economy, not a word to NATO, the CIA. Okay?

(18) for old time's sake : '옛정을 생각해서'
for convenience's sake : '편의상'
for form's sake : '형식상'

0752 옛정을 봐서 한 번 용서해 주세요.
Would you please spare me for old time's sake?

0753 편의상 예식은 잊고 갑시다.
Let's forget about the ceremony for convenience's sake.

0754 그 결혼식은 단지 형식을 위한 것이었다.
The wedding was just for form's sake.

(19) for the most part : '대부분'

0755 대체로 나는 개들을 불신한다.
For the most part, I distrust dogs.

0756 그들은 가난해 보였지만 대체로 신체적으로는 정상처럼 보였다.
They appear poor but, for the most part, physically normal.

0757 대체로 우린 우리에게 익숙한 것들을 좋아한다.
For the most part, we like things that are familiar to us.

(20) once and for all : '이번 한 번으로 영원히, 이번 한 번을 마지막으로'

0758 당신이 그렇게 생각한다면 이번에 아예 완전히 갈라서는 것이 낫다고 생각한다.
If you think so, I guess it is better we said good bye to each other once and for all.

0759 이번 한 번으로 이것을 완전히 해결하자.
Let's settle this once and for all.

(21) for goodness' sake, for God's sake, for mercy's sake, for pity's sake : '제발'

0760 제발 그만두시오.
For goodness' sake, stop it.

(22) for crying out loud : 제발, 애타게 부르짖건대

0761 제발 누군가 무슨 일이 벌어지고 있는지 설명해 주시오.
For crying out loud, can someone please explain what's going on?

(23) for the love of God : 제발

0762 제발, 나갈 때, 문 잠그는 것 잊지 마시오.
For the love of God, don't forget to lock the door when you leave.

(24) for all I know : 내가 아는 한

0763 내가 아는 한 그 회의는 재조정 되었을지도 모른다.
For all I know, the meeting might have been rescheduled.

(25) for what it's (or that's) worth : 혹시라도 도움이 될까 하여

0764 비록 다른 이들은 반대했지만, 그는 혹시라도 도움이 될까 하여 그의 의견을 공유했다.
He shared his opinion, for what it's worth, though others disagreed.

for

(26) for the time being : 당분간

0765 그녀는 새로운 곳을 찾을 때까지 당분간 우리와 머물 것이다.
She's staying with us for the time being until she finds a new place.

(27) for good measure : 좋은 결과나 평가를 위해

0766 그녀는 좋은 결과를 위해 약간의 양념을 추가했다.
She added a bit of extra spice just for good measure.

(28) for a fact : 사실관계에서

0767 내가 직접 목격했기 때문에 그것이 사실 관계에서는 확실하다고 안다.
I know it's true for a fact because I witnessed it myself.

(29) for your information (FYI) : 정보 공유 차원에서 말하면

0768 정보 공유 차원에서 말하면 그 회의는 일정이 조정되었다.
Just wanted to share this for your information - the meeting has been rescheduled.

(30) for a rainy day : 안 좋은 날에 대비하여

0769 상황이 안 좋을 때를 대비하여 저축하라 당신은 언제 예상 밖의 지출이 생길지 알 수 없다.
Save some money for a rainy day ; you never know when unexpected expenses might arise.

(31) for the most part : 대부분의 경우

0770 대부분의 경우 그 임무는 쉽지만 몇 가지 어려움이 있다.
For the most part, the mission is going smoothly, but there are a few challenges.

(32) for sure : 확실히

0771 그 파티에 올 것인가? 확실히 그렇다.
Are you coming to the party? Yes, for sure!

(33) for a while : 한동안

0772 나는 그녀를 한동안 못 보았는데 그녀는 여행중이다.
I haven't seen her for a while; she's been traveling.

(34) for the record : 기록을 위해, 나중에 시비를 가리기 위해

0773 기록을 위해서 나는 이 문제에 대한 내 입장을 확실히 하고 싶다.
Just for the record, I want to clarify my position on this matter.

(35) for instance : 예를 들어

0774 활동성을 유지하는 많은 방법들이 있는데 예를 들어 걷기, 달리기 혹은 자전거 타기에 의해서 이다.
There are many ways to stay active, for instance, by walking, running, or cycling.

(36) for the love of : ~를 좋아해서

0775 나는 예술을 좋아해서 그것을 했고 재정적 이득을 위해서 한 것은 아니다.
I did it for the love of art, not for any financial gain.

for

15 동사 + for

(01) account for : '설명하다'

0776 당신에게 불리한 이 산더미 같은 증거를 어떻게 설명할 것인가?
How do you account for this mountain of evidence against you?

(02) allow for : '참작하다'

0777 그의 경험 부족을 고려해 주십시오.
Please allow for his lack of experience.

(03) answer for : '책임지다'

0778 누군가 이것에 책임을 질 것이다.
Somebody is going to answer for it.

(04) apply for : '신청하다'

0779 내 생각에 우리 중 하나가 소규모 기업 대출을 신청해야 할 것 같다.
I think one of us should apply for a small business loan.

(05) ask for : '요청하다'

0780 그들은 토니만을 계속 요구하고 있다.
They keep asking for nobody but Tony.

0781 그래서 만약 당신이 추가 정보를 찾거나, 다른 종류의 정보를 원한다면, 침묵을 유지함으로써 그것을 요청하세요.
So if you are seeking more information or a different kind of information, ask for it by remaining silent.

(06) call for : '요구하다'

0782 그들은 우리가 가져온 것 같은 화물을 원하지 않고 있다.
They don't call for the kind of cargo we brought.

(07) care for : '돌보다, 좋아하다'

0783 커피 한 잔, 하시겠어요?
Would you care for a cup of coffee?

0784 그는 환자들을 돌보았다.
He cared for the sick.

(08) compensate for : '보상하다'

0785 나는 내 아버지의 부재를 벌충해야 한다.
I have to compensate for my father's absence.

0786 그러므로, 문맥에 대한 우리의 이해는 특징 파악 과정에서, 부족한 세부사항을 벌충한다.
Thus, our understanding of context compensates for lack of detail in the feature identification process.

(09) crave for : '갈망하다'

0787 오늘 밤 남자가 그립습니까?
Are you craving for a man tonight?

(10) grope for : '더듬어 찾다'

0788 그의 떨리는 손가락들은 전등을 더듬어 찾는다.
His quivering fingers grope for the flashlight.

(11) long for : '갈망하다'

0789 나는 아프리카 여행을 갈망한다.
I long for a trip to Africa.

0790 나의 새로운 친구에 대한 갈망을 충족시킬 방법을 찾았다.
I found a way to satisfy my longing for new friends.

(12) make for : '향하다'

0791 그 늦게 온 병사들은 다음 보트로 향했다.
The late soldiers made for the next boat.

for

(13) pass for : '~로 통하다'

0792 나의 영어 관용어 이용은 매우 훌륭해서 내가 미국인으로 통할 수도 있다.
My use of English idioms is so good that I could pass for an American.

(14) pay for : '대가를 지불하다'

0793 제가 그 손상의 대가를 지불하겠습니다.
I'll pay for the damage.

0794 당신의 예산을 현실적으로 짰는지 확인하세요, 그래야, 당신이 여행의 모든 측면에 대해서 돈을 지불할 수 있을 것입니다.
So, be sure to make your budget realistic, so that you can be confident that you will be able to pay for all aspects of the trip.

(15) prepare for : '~에 대비하다'

0795 나는 그 공격에 대비하고 있는 중이다.
I'm preparing for the attack.

0796 그것은 곤충들에게 그들이 먹고, 짝짓고, 비행을 대비할 수 있는 능력을 증진하기 위한 안정된 환경으로 보상해준다.
It rewards insects with a stable environment that enhances their ability to eat, mate, and prepare for flight.

(16) yearn for : '갈망하다'

0797 그녀는 로맨스를 갈망하지만 나는 재정원조를 원한다.
She yearns for romance, but I long for financial aid.

(17) seek for : '추구하다'

0798 나는 진정한 자유를 추구하려 애썼다.
I tried to seek for the real freedom.

(18) look for : '찾아보다'

0799 나는 찾아보았으나 그것을 발견하지는 못했다.
I looked for it but couldn't find it.

(19) search for : '찾다'

0800 사람들이 책 가게에서 책을 찾는 것처럼, 당신은 컴퓨터로 당신이 원하는 것들을 찾고 선택할 수 있다.
Just as people search for books in bookstores, you can find and select what you want with a computer.

(20) wait for : '기다리다'

0801 그것의 사냥 기술은 재빨리 피해자를 찾는 것이 아니라, 그것을 기다리는 것이다.
Its hunting technique is not to swiftly pursue its victim, but to wait for it.

(21) stand for : '나타내다, 의미하다'

0802 당신은 이 두 글자가 무엇을 의미하는지 말해줄 수 있나요?
Can you tell me what this acronym stands for?

(22) send for : '부르러 보내다'

0803 의사를 부르러 사람을 보냈으니 조금만 참아주세요.
I have sent for the doctor, so be a little patient.

(23) strive for : '애써서 구하다'

0804 당신들은 하나의 사회로서 살아가지만, 개성을 애써 구하고 있습니다.
You live as one society, and yet you strive for individuality.

(24) come for : '~위해 오다'

0805 날 위해 와 주었군요. 감사합니다.
You've come for me. Thank you so much.

0806 그는 보물을 가지러 올 것이다.
He is coming for the treasure.

for

(25) go for : '얻으러 가다'

0807 그것을 구해보자.
Let's go for it.

0808 그는 골을 넣은 것을 도와주는 것처럼 보이지만 왜 그 자신이 골을 넣으려고는 안 하지?
He seems to help others get a goal but why doesn't he go for a goal himself?

(26) compete for : '얻으러 싸우다'

0809 그 낚시 배들은 더 나은 지점을 얻으려고 경쟁한다.
The fishing boats compete for a better point.

(27) hope for : '소망하다'

0810 우리는 더 나은 것을 기대할 수는 없다.
We could not hope for anything better.

0811 이것은 내가 기대했었던 그런 결혼은 아니다.
This is not quite the marriage I had hoped for.

(28) wish for : '소망하다'

0812 모든 아이가 크리스마스 선물을 소망한다.
Every child wishes for the Christmas present.

30 from

용법

(01) 분리, 이탈, 출발점, 기점

(02) 출처, 유래, 동기, 원인

(03) 재료, 원료

(04) 구별

(05) 금지, 면제, 억제

(06) from + 장소명사, 장소부사

주요 콜로케이션

① ban + 목 + from + ing
~가 ~하는 것을 막다

② bar + 목 + from + ing
~가 ~하는 것을 막다

③ be from
~에서 오다

④ come from
~에서 오다

⑤ derive from
~에서 나오다

⑥ die from
~원인으로 죽다

⑦ differ from
~와 다르다

⑧ discourage + 목 + from + ing
~가 ~하는 것을 막다

⑨ dissuade + 목 + from + ing
~가 ~하는 것을 막다

⑩ distinguish A from B
A와 B를 구별하다

⑪ emerge from
~에서 등장하다

⑫ escape from
~로부터 도망치다

⑬ fall from
~에서 떨어지다

⑭ flee from
~로부터 도망치다

⑮ forbid + 목 + from + ing
~가 ~하는 것을 막다

⑯ graduate from
~에서 졸업하다

⑰ hear from
소식을 듣다

⑱ hinder + 목 + from + ing
~가 ~하는 것을 막다

from

⑲ inhibit + 목 + from + ing ~가 ~하는 것을 막다	⑳ judge from ~로 부터 판단하다	㉑ keep + 목 + from + ing ~가 ~하는 것을 막다
㉒ know A from B A와 B를 구별하다	㉓ prevent + 목 + from + ing ~가 ~하는 것을 막다	㉔ prohibit + 목 + from + ing ~가 ~하는 것을 막다
㉕ recover from ~에서 회복하다	㉖ refrain from ~를 삼가다	㉗ result from ~로부터 생기다
㉘ spring from ~에서 솟구치다	㉙ stem from ~에서 유래하다	㉚ stop + 목 + from + ing ~가 ~하는 것을 막다
㉛ suffer from ~로 고통받다	㉜ tell A from B A와 B를 구별하다	

01 분리, 이탈, 출발점, 기점

0813 그것은 하늘에서부터 떨어졌다
It **fell from** the sky.

0814 집에서부터 떠나 있을 때는 먹는 것에 특별히 더 신경 써라.
While you are away **from home**, take extra care of what you eat.

0815 그 가게는 4월 1일부터 다시 연다.
The shop will resume **from April 1st**.

0816 나는 악몽으로부터 잠을 깼다.
I awoke **from a nightmare**.

0817 그는 질병으로부터 확실히 회복될 것이다.
He is sure to **recover from** an illness.

0818 상황은 더욱 나빠질 것이다.
The situation will go **from bad to worse**.

0819 당신은 러시아의 어느 지역 출신입니까?
What part of Russia do you **come from**?

0820 여기서 거기까지 얼마나 멀지요?
How far is it **from here to there**?

0821 그는 하루 벌어 하루 먹고 산다.
He lives **from hand to mouth**.

0822 연체료는 다음 주부터 부과됩니다.
The late fees will be charged **from next week**.

0823 지금부터 당신은 이 집으로 출입 금지다.
From now on, you are not allowed in this house.

0824 지금으로부터 2시간 후 우리는 그곳에 도착한다.
We will get there **2 hours from now**.

0825 그는 이따금 나를 보러 온다.
He comes to visit me **from time to time**.

0826 처음부터 나는 그 생각을 좋아하지 않았다.
I didn't like the idea **from the beginning**.

0827 그는 그 감기로부터 아직 회복하지 못했다.
He has not **recovered from** the cold.

0828 그는 법과 대학을 졸업했다.
He **graduated from** law school.

from

02 출처, 유래, 동기, 원인

0829 이것들은 단지 한 친구로부터의 편지들이다.
These are letters from just one friend.

0830 그는 셰익스피어로부터 많은 인용문을 이용한다.
He uses many quotations from Shakespeare.

0831 나는 실물을 그리는 것을 좋아한다.
I like to paint from nature.

0832 나는 한국 출신이다.
I am from Korea.

0833 그는 다리에 난 상처로 죽었다.
He died from a wound in the leg.

0834 그는 의무감으로부터 행동했다.
He acted from a sense of duty.

0835 내가 들은 바에 의하면 그는 그 아이를 구하려 애썼다.
He tried to save the child from what I heard.

0836 그는 기억상실증으로 고통받았다.
He suffered from amnesia.

0837 만약 당신이 오래 지속되는 아래쪽 허리의 통증으로 고통받는다면, 이 통증은 당신 혼자서 겪는 것만은 아니라는 것으로 당신에게 약간의 위안을 줄 수도 있다
If you suffer from long-lasting aches and pains in your lower back, it may be small comfort to know you are not alone.

0838 그의 성공은 그의 노력에 기인한다.
His success resulted from his effort.

0839 그녀는 그 충격으로 기절했다.
She fainted from the shock.

0840 나는 과로로 지쳤다.
I am exhausted from overworking myself.

0841 그의 다리는 하루종일 걸은 탓에 피곤하다.
His legs are tired from walking all day long.

0842 그 부패는 그 박테리아에게 노출된 것으로부터 생겨났다.
The decay rose from being exposed to the bacteria.

0843 그 새로운 규정은 그들의 탄원에 의해 생긴 것이다.
The new regulation stemmed from their petition.

0844 많은 영어 어휘가 희랍어에서 유래된다.
Many English words derive from Greek.

0845 정문이 깨지며 열렸을 때 그는 소파로부터 벌떡 일어났다.
He sprang from the couch as the front door crashed open.

0846 나는 컵보다는 잔으로 마시는 것을 좋아한다.
I like to drink from a glass not from a cup.

0847 구름의 모양으로 판단컨대 조만간 비가 퍼부을 것 같다.
Judging from the look of the cloud, it will pour sooner or later.

0848 당신은 최근에 그로부터 소식을 들었는가?
Have you heard from him recently?

0849 나는 그 교화소로부터 도망쳤다.
I escaped from the penitentiary.

0850 그는 그 깊은 숲으로부터 나왔다.
He emerged from the deep forest.

0851 당신이 내 손으로부터 도망칠 수 있을 것 같은가?
Do you think you can flee from my hands?

from

03 재료, 원료

0852 그는 딸기로부터 과실주를 만드는 것을 좋아한다.
He likes **making** wine from strawberries.

0853 그것은 대리석으로 지어졌다.
It is **built** from marble.

0854 나는 볶은 보리로 음료를 마련했다.
I prepared a beverage from roasted barley.

04 구별

0855 그는 모든 면에서 너와 다르다.
He **differs** from you in every aspect.

0856 당신은 흰색과 은색을 구별하겠는가?
Can you **tell** white from silver?

0857 나는 옳고 그름을 구별한다.
I **know** right from wrong.

0858 우리는 아이들이 나쁜 것과 좋은 것, 옳은 것과 틀린 것을 구별할 수 있기를 원한다.
We want our children to **know** good from bad, and right from wrong.

0859 그들은 분필과 치즈(선과 악)를 구별하지 못한다.
They do not **know** chalk from cheese.

0860 나는 빨강과 파랑을 구별하지 못한다.
I can't **distinguish** red from blue.

05 금지, 면제, 억제

0861 나는 웃음을 억제할 수가 없었다.
I couldn't **refrain from** laughing.

0862 그 사람이 우리의 전시품을 사진으로 찍는 것을 막아라.
Stop him **from** taking pictures of our exhibits.

0863 그들은 수영자들이 수영장으로 다이빙하는 것을 금지한다.
They **prohibit** the swimmers **from** diving to the pool.

0864 그들은 관광객들이 해변에 있는 흰색 조약돌을 집어 가는 것을 금지한다.
They **ban** tourists **from** picking up the white pebbles on the beach.

0865 우리는 그들이 우리 땅에 들어오는 것을 막아야 한다.
We should **prevent** them **from** entering our property.

0866 너무 많은 커피는 당신이 쉽게 잠드는 것을 방해할 수 있다.
Too much coffee can **hinder** you **from** falling fast asleep.

0867 나는 그가 그 시위에 참여하는 것을 말릴 것이다.
I will **dissuade** him **from** taking part in the demonstration.

0868 안 좋은 결과가 그가 웃는 것을 막았다.
The poor result **discouraged** him **from** laughing.

0869 그는 그 회의에 불참했다.
He was **absent from** the meeting.

0870 당신의 답은 만족스러운 것과는 거리가 멀다.
Your answer is **far from being** satisfactory.

0871 여기서부터 먼, 다른 많은, 행성들이 있을 것이다.
There should be many other planets **far from** here.

0872 누구도 그것으로부터 너를 보호할 수 없다.
No one can **protect** you **from** it.

0873 진정한 지혜는 인류에게서 멀리 떨어진 곳에, 커다란 고독이 있는 곳에 존재하며, 오로지 고통을 통해서만 도달될 수 있다.
The only true wisdom **lives far from** mankind, out in the great loneliness, and can be reached only through suffering.

from

06 from + 장소명사, 장소부사

0874 위에서부터 화살들이 쏟아졌다.
Arrows poured down from above.

0875 외부로부터의 식물들은 신고돼야 합니다.
Plants from outside should be reported.

0876 내부로부터의 적이 더 위험하다.
An enemy from within is more dangerous.

0877 그는 그 나무 뒤로부터 걸어 나왔다.
He walked from behind the tree.

0878 그 고양이는 테이블 아래로부터 나타났다.
The cat appeared from under the table.

0879 나는 길 건너편으로부터 오는 사람과 부딪혔다.
I ran into a man from across the street.

07 주요 표현 정리

(01) from scratch : 처음부터, 맨땅에서부터

0880 그녀는 처음부터 오로지 기본 재료만을 써서 그 케익을 구웠다.
She baked the cake from scratch, using only basic ingredients.

(02) from head to toe : 머리에서 발끝까지

0881 그 패션쇼는 머리부터 발끝까지 세련된 옷으로 차려입은 모델들을 선보였다.
The fashion show showcased models dressed in exquisite outfits from head to toe.

(03) from time to time : 때때로

0882 나는 때때로 조부모님의 집을 방문하는 것을 좋아한다.
I like to visit my grandparents' house from time to time.

(04) from bad to worse : 악화되어

0883 초기의 차질 후에, 상황은 더 악화되었다.
After the initial setback, things went from bad to worse.

(05) from the bottom of one's heart : 진심으로부터

0884 그는 그 도움에 대해 진심으로 모든 이에게 감사했다.
He thanked everyone from the bottom of his heart for their support.

(06) from dawn till dusk : 새벽부터 어스름녘까지

0885 근로자들은 수확기 동안 새벽부터 땅거미질때까지 들판에서 일했다.
The workers labored in the fields from dawn till dusk during the harvest season.

from

(07) from the horse's mouth
: 말의 입에서 (경주마의 입안을 조사하여 말의 상태에 대한 확실한 정보를 얻어낸 것에서 유래하여), 직접적으로

0886 나는 본인의 입으로부터 그 소식을 직접 들어서 그것을 사실로 믿는다.
I heard the news directly from the horse's mouth, so I believe it to be true.

(08) from A to Z : 처음부터 끝까지, 완전히

0887 그 비서는 그 일의 세부사항을 완전히 알고 있다.
The secretary knows the details of the occasion from A to Z.

(09) from the ground up : 바닥에서부터

0888 그들은 작은 투자와 함께 바닥부터 그 사업을 일구었다.
They built their business from the ground up, starting with a small investment.

(10) from rags to riches : 넝마에서 부유함까지, 거지에서 부자로

0889 그의 성공담은 용기를 준다. 그는 근면과 굳은 결의를 통해 누더기에서 출발해 부를 이루었다.
His success story is inspiring; he went from rags to riches through hard work and determination.

(11) from hand to hand : 손에서 손으로

0890 그 비밀 전언은 최종목적지에 도달할 때까지 손에서 손으로 전달되었다.
The secret message was passed from hand to hand until it reached its destination.

(12) from the get-go : 시작부터

0891 불충분한 계획 탓에 그 사업이 시작부터 실패할 것으로 그는 알았다.
He knew the project was doomed from the get-go due to inadequate planning.

(13) from pillar to post : 기둥에서 기둥으로, 이곳 저곳으로

0892 그들은 문제의 해결책을 찾기 위해 이곳저곳을 찾아다녔다.
They traveled from pillar to post trying to find a solution to their problem.

(14) from the ground floor : 바닥층부터, 맨 아래부터

0893 그는 그 회사에서 일하기 시작해서 밑바닥에서부터 경영진까지 올랐다.
He started working for the company from the ground floor and worked his way up to management.

(15) from stem to stern : 선수(船首)에서 선미(船尾)까지, 이물에서 고물까지

0894 그 배는 항해 전에 선수에서 선미까지 세심히 청소되었다.
The ship was meticulously cleaned from stem to stern before the voyage.

(16) from afar : 멀리서부터, 객관적으로

0895 그녀는 직접적으로 엮이길 원하지 않고 멀리서 그 사건을 지켜보았다.
She watched the event from afar, not wanting to be directly involved.

(17) from hand to mouth : 손에서 입으로, 하루 벌어 하루를 먹고 사는

0896 하루 벌어 먹고 살면서, 그들은 빚지지 않으려고 애썼다.
Living from hand to mouth, they struggled to make ends meet.

(18) from square one : 처음부터

0897 그 차질 후에 그 건축가는 처음부터 그 디자인을 시작해야 했다.
After the setback, the architect had to start the design from square one.

31
from behind

용법

(01) ~의 뒤로부터

** behind를 from의 목적어로 쓰기도 하고 behind뒤에 다른 목적어를 붙여서 쓰기도 합니다.

01 ~의 뒤로부터

0898 그 도둑은 덤불 숲 뒤로부터 나와서 훔친 물건을 가지고 달아났다.
The thief emerged from behind the bushes and ran off with the stolen goods.

0899 그녀는 뒤로부터 그녀의 어깨를 건드림으로써 친구를 놀라게 했다.
She surprised her friend by tapping her on the shoulder from behind.

0900 그 차는 도로의 구부러진 곳 뒤에서부터 갑자기 나타났다.
The car suddenly appeared from behind the bend in the road.

0901 그는 뒤로부터 다가오는 발자국 소리를 듣고 누구인지 보기 위해 돌아 보았다.
He heard footsteps approaching from behind and turned around to see who it was.

32 in

용법

(01) in + 장소명사
(02) in + 기타 명사
(03) in + 시간 혹은 이에 준하는 명사
(04) 'in + 명사 + of' 구조의 주요 관용어
(05) in + 명사 + with, for, to 등 구조의 주요 관용어
(06) 주요동사 + in
(07) 전치사 in의 목적어가 빠지고 부사화된 in

주요 콜로케이션

①	abound in 풍부하다	②	be in one's way 방해가 되다	③	believe in 존재를 믿다
④	break in 침입하다	⑤	come in 나오다	⑥	confide in 털어놓다
⑦	dabble in someone's personal life 남의 사생활에 끼어들다	⑧	deal in 거래 [취급] 하다	⑨	get in one's way 방해가 되다
⑩	get in the path 방해가 되다	⑪	get involved in someone's matters 타인의 문제에 끼어 들다	⑫	indulge in 마음껏 ~하다
⑬	indulge in 마음껏 ~하다	⑭	interfere in someone's plans 간섭하다	⑮	intervene in someone's decision 타인의 결정에 개입하다
⑯	intrude in someone's space 남의 공간을 침해하다	⑰	lie (be) in the way 방해가 되다	⑱	major in 전공하다
⑲	meddle in someone's affairs 타인의 일에 간섭하다	⑳	mediate in someone's conflicts 남의 싸움을 중재하다	㉑	obstruct in someone's progress 타인의 길을 방해하다

in

㉒	participate in 참여하다	㉓	pry in someone's business 남의 사생활을 엿보다	㉔	put obstacles in the way 훼방 놓다
㉕	result in 결과를 낳다	㉖	specialize in 전공하다	㉗	stand in one's way 방해가 되다
㉘	take in 섭취하다 / 속이다	㉙	tamper in someone's affairs 남의 일에 간섭하다	㉚	turn in 제출하다 / 반납하다

01 in + 장소명사

(01) 동사 뒤에서 : '~에, ~에서, ~안에서 ~하다'

0902 그는 갠지스강에서 목욕했다.
He bathed in the Ganges River.

0903 나는 도시에서 살기를 원한다.
I want to live in a city.

0904 나는 그를 박물관에서 만났다.
I met him in the museum.

0905 그들은 윔블리 스타디움에서 공연했다.
They had a performance in Wembley stadium.

0906 나는 시골에서 평화로운 삶을 살고 싶다.
I want to live a peaceful life in the country.

0907 그 관습은 이집트에서 기원했다.
The custom originated in Egypt.

0908 나는 런던에 도착했다.
I arrived in London.

*동사의 종류에 따라서 전치사 in 은 into 대신 쓸 수 있다.

0909 그는 강에 빠졌다.
He fell in(to) the river.

0910 그는 왼손을 주머니에 넣었다.
He put his left hand in(to) the pocket.

0911 그것을 쓰레기통에 던져버리세요.
Just throw it in(to) the wastebasket.

0912 그는 그 집으로 들어갔다.
He went in(to) the house.

(02) 명사 뒤에서 : '~내의, ~안의, ~속의 명사'

① a bird in a cage	새장 속의 새
② a bobby in the city of London	런던이라는 도시 속의 경찰
③ a dictator in the house	집안의 독재자
④ a time bomb in a crowd	군중 속의 시한폭탄
⑤ the best in the world	세계 속의 최고
⑥ the number one in Korea	한국 내의 일등

02 in + 기타 명사

(01) in + 상태명사, 추상명사, 물질명사, 감정명사, 성질명사

0913 그는 우중에 외출했다.
He went out in the rain.

0914 그는 나쁜(좋은) 건강 상태 속에 있다.
He was in bad/good health.

in

0915 그는 투옥 중에 사망했다.
He died **in prison**.

0916 그는 수치로 얼굴이 붉어졌다.
He blushed **in shame**.

0917 그는 나를 경멸하듯이 깔아 보았다.
He looked down on me **in contempt**.

0918 나는 혼란 속에서 나 자신을 상실했다.
I lost myself **in confusion**.

* confusion과 같은 감정 명사를 받아서 다양한 감정 상태를 의미한다.

①	in amazement	놀라서	② in anger	화나서
③	in astonishment	놀라서	④ in contempt	깔보면서
⑤	in contentment	만족해서	⑥ in despair	절망하여
⑦	in desperation	자포자기 하여	⑧ in disappointment	실망하여
⑨	in disbelief	믿지 못하며	⑩ in dismay	당황하여
⑪	in doubt	의심하여	⑫ in fear	두려워서
⑬	in grief	슬퍼서	⑭ in joy	즐거워서
⑮	in nostalgia	향수에 젖어	⑯ in shame	창피하여
⑰	in shock	충격받아서	⑱ in surprise	놀라서
⑲	in trepidation	당황하여, 덜덜 떨며		

0919 그들이 승자로서 그녀의 이름을 발표했을 때, 그녀는 믿지 못하며 서 있었다.
When they announced her name as the winner, she stood there **in disbelief**.

0920 불가에 앉아서 그녀는 평화스런 순간을 즐기며 만족스러운 숨을 쉬었다.
Sitting by the fireplace, she sighed in contentment, enjoying the peaceful moment.

0921 어린 시절의 사진들을 보면서 그는 더 단순했던 시절에 대한 향수에 빠져있었다.
Looking at childhood photos, he was lost in nostalgia for simpler times.

0922 그 전율을 주는 영화는 절정을 기다리는 관객들을 공포 속에서 앉아있게 했다.
The suspenseful movie had the audience sitting in trepidation, awaiting the climax.

0923 그녀는 그 기대 밖의 소식을 들은 후 충격받았다.
She was in shock after hearing the unexpected news.

* 그 외의 다양한 상태표현

①	in algebra	대수학에서	② in charge	책임져서
③	in common	공통적으로	④ in debt	채무상태에
⑤	in deep thought	깊은 생각에 잠겨	⑥ in dire straits	난감한, 곤경에 처하여
⑦	in doubt	의심스러운 상태에	⑧ in English	영어로
⑨	in full blossom	만발하여	⑩ in full force	최대치로
⑪	in fun	재미삼아	⑫ in good shape	좋은 체형으로
⑬	in great detail	매우 상세히	⑭ in high demand	높은 수요로
⑮	in high spirits	의기양양하게	⑯ in light	빛을 받아
⑰	in love	사랑 속에	⑱ in low spirits	의기소침하게
⑲	in milk	젖이 나는 상태인	⑳ in need	필요한 상태에
㉑	in peace	평화 속에서	㉒ in peak condition	절정의 상태에서
㉓	in person	개인적으로	㉔ in plain sight	눈에 띄게

in

㉕ in Russian	러시아어로	㉖ in season	제철인
㉗ in such a hurry	서두르는 상태에	㉘ in vitamin C	비타민 C에 있어서
㉙ in weight	체중에 있어서		

0924 벚나무들이 만발하여 있다.
The cherry trees are in full blossom.

0925 그것은 빛을 받아 빛나고 있었다.
It was shining in light.

0926 그것은 더 이상 우유를 얻는 암소가 아니다.
It is not a cow in milk any more.

0927 우리는 공통점이 없다.
We have nothing in common.

0928 나는 선생님에게 빚을 지고 있다.
I'm in debt to my teacher.

0929 당신은 왜 그토록 서두르고 있는가?
Why are you in such a hurry?

0930 누가 책임자인가?
Who is in charge?

0931 필요할 때의 친구가 진정한 친구다.
A friend in need is a friend indeed.

0932 나는 그녀를 개인적으로 본 적이 없다.
I have never seen her in person.

0933 그 책은 러시아어로 써있다.
The book is written in Russian.

0934 그들은 영어로 말하고 있다.
They are speaking in English.

0935 나는 재미로 말하고 있었다.
I was just speaking in fun.

0936 그는 놀라서 나를 쳐다보았다.
He looked at me in surprise.

0937 딸기가 제철이다.
Strawberry is in season.

0938 그는 대수학에 있어서 강하다.
He is strong in algebra.

0939 그 음식은 비타민 C가 풍부하다.
The food is rich in vitamin C.

0940 그는 체중에 있어서 나와 같다.
He is equal to me in weight.

0941 그는 단어를 모를 때 사전을 찾는다.
When he is in doubt about a word, he consults a dictionary.

0942 그 두 인접한 마을들은 그 후 평화롭게 살았다.
The two neighboring villages lived in peace afterwards.

0943 사랑에 빠질 때는 모든 것이 아름다워 보인다.
When you fall in love, everything looks beautiful.

0944 그들은 의기양양하게 시작해서 풀이 죽어 돌아왔다.
They set out in high spirits and came back in low spirits.

0945 재즈와 클래식 음악은 다수의 공통점을 지니고 있다.
Jazz and classical music have a number of things in common.

0946 사랑에 빠지는 것은 마력이 있는 구름에 감싸이는 것과 같다.
Falling in love is like being wrapped in a magical cloud.

0947 수개월의 훈련 후에 그는 마침내 시합에 맞는 좋은 체형이 되었다.
After months of training, he was finally in good shape for the competition.

0948 그녀는 미래에 대해 깊은 생각에 잠긴 채 창가에 앉아있었다.
She sat by the window, lost in deep thought about her future.

in

0949 그 보고서는 발견들을 상세히 제시하면서 모든 측면을 다 보여주었다.
The report presented the findings in great detail, leaving no aspect uncovered.

0950 그 회사는 경기 침체 후에 곤경에 처해 있다는 것을 알았다.
The company found itself in dire straits after the economic downturn.

0951 그 폭풍은 광범위한 피해를 야기하면서 그 해안지역을 최대치로 강타했다.
The storm hit the coastal area in full force, causing widespread damage.

0952 그 신제품은 수요가 높았고 비축분들이 빠르게 소진되었다.
The new product was in high demand, and stores quickly sold out.

0953 수주의 훈련 후에 그 운동선수는 시합을 위한 절정의 상태가 되었다.
After weeks of training, the athlete was in peak condition for the competition.

0954 그 열쇠는 테이블 위에 눈에 잘 띄게 놓여 있었다.
The key was lying in plain sight on the table.

(02) in + 행위나 활동을 의미하는 명사 혹은 ~ing : '~하는 중, 할 때, 하는데 있어서'

0955 그 기계는 작동 중이다.
The machine is in use.

0956 그들은 진리 탐구 중이다.
They are in search of truth.

0957 나는 한국어를 말하는 데 있어서 어려움이 없다.
I have no difficulty in speaking Korean.

0958 나는 책들을 읽는 데에 많은 시간을 쓴다.
I spend a lot of time in reading books.

0959 그는 울면서 그곳에 서 있었다.
He was standing there in tears.

0960 그렇게 하는데 있어서, 그는 칼날에 손가락을 베었다.
In doing so, he cut his finger on a blade.

0961 그 기차의 바퀴들은 그것이 정류장을 떠나면서 움직였다.
The wheels of the train were in motion as it left the station.

0962 그 건설계획은 현재 진행되고 있어서 다음 달에 완성될 것이다.
The construction project is currently in progress; it will be completed next month.

0963 그녀는 그 중요한 발표 동안 자신감과 통제되고 있음을 느꼈다.
She felt confident and in control during the important presentation.

0964 명확한 사진을 위해서는 피사체가 초점에 맞추어질 때까지 카메라를 조정해라.
Adjust the camera until the subject is in focus for a clear photo.

0965 새 집을 산 후에 그들은 채무상태인 것을 알았고 조심스럽게 예산을 짜기 시작했다.
After buying a new house, they found themselves in debt and began budgeting carefully.

0966 그 고대의 성은 당시 폐허속에 있었으나 역사적 아름다움은 지니고 있었다.
The ancient castle was now in ruins, but it held a sense of historical beauty.

0967 그 합창단은 아름답고 선율 풍부한 소리를 만들며 조화롭게 노래했다.
The choir sang in harmony, creating a beautiful and melodic sound.

0968 그 세계적 질병 동안 많은 사람들이 고립되어 살고 있음을 알았다.
During the pandemic, many people found themselves living in isolation.

0969 그들은 침묵 속에서 그 숲을 통해 걸으며 자연의 고요함을 즐겼다.
They walked through the forest in silence, enjoying the tranquility of nature.

0970 그녀는 직장에서 친환경 관행들을 실시하는 것을 찬성한다.
She is in favor of implementing eco-friendly practices in the workplace.

(03) in + 의복, 장신구 : '착용하고서'

0971 그는 제복을 입고 나타났다.
He appeared in uniform.

0972 푸른 옷을 입은 소녀가 보이느냐?
Can you see a girl in blue?

0973 안경을 낀 한 남자가 가게 안으로 들어왔다.
A man in spectacles came into the shop.

in

0974 외투를 입은 한 남자가 벤치 위에 앉아 있다.
A man **in an overcoat** is sitting on a bench.

0975 나는 붉은 타이를 한 남자를 보았다.
I saw a man **in a red tie**.

(04) in + 신체일부

0976 나는 가슴에 통증이 있다.
I have a pain **in my chest**.

0977 그는 얼굴에 몇 개의 점이 있다.
He has a few moles **in the face**.

0978 내 운명은 너의 손에 있다.
My fate is **in your hands**.

0979 그는 내 얼굴을 쳐다보았다.
He looked me **in the face**.

0980 그는 내 눈을 응시했다.
He stared me **in the eyes**.

(05) in + 재료나 물질

0981 비단으로 된 타이를 살 수 있나요?
Can I get a tie **in silk**?

0982 미안하지만 우리는 나일론으로 된 것들만 있습니다.
Sorry, we only have ones **in nylon**.

0983 나는 연필이나 잉크로 얼굴을 그리고 싶다.
I like to draw a face **in pencil** or **in ink**.

0984 그것은 대리석이 아니라 청동으로 된 조각상이다.
It is a statue **in bronze**, not marble.

0985 그는 유화 초상화로 그려져 있다.
He is in a portrait **in oil**.

(06) in + 모양, 크기, 배열

0986 그들은 일렬로 서 있었다.
They stood in a row.

0987 우리는 모닥불 주위에 둥그렇게 앉았다.
We sat around the bonfire in a circle.

0988 그 난민들은 떼로 왔다.
The refugees came in groups.

0989 그들은 삼삼오오 돌아왔다.
They came back in twos and threes.

0990 그녀는 머리칼을 둥그렇게 마는 것을 좋아한다.
She likes to have her hair in curls.

0991 포도는 송이 모양으로 수확된다.
Grapes are harvested in clusters.

0992 당신은 이런 식으로 백만장자가 될 수는 없다.
You can't be a millionaire in this way.

0993 그들은 이런, 저런 방법으로 돈을 모았다.
They raised much money in one way or another.

0994 그것은 색깔과 크기에 있어 다양하다.
It varies in size and color.

(07) in + a way, manner, fashion, sense, measure, mode, style, hurry : 방해, 간섭의 의미를 갖는 주요 표현

① in a sense	어떤 의미에서, 어느 정도	② in French fashion	프랑스식으로
③ in American style	미국식으로	④ in a hurry	서둘러서
⑤ in a way	어떤 방법으로, 어느 정도	⑥ in a manner	어떤 식으로
⑦ in a measure	어느 정도	⑧ in a combat mode	전투적으로

in

0995 그는 어떤 의미에서 나에게 속해있다.
He belongs to me in a sense.

0996 그들은 한국식으로 살고 싶어 한다.
They want to live in the Korean style.

0997 "어머나, 당신 되게 서두르네요," 라고 그들은 명랑하게 말을 하였다.
"My, you are in a hurry," they cheerfully said.

0998 어떤 의미에서 내가 기억한 것들은 있지만 근래까지는 이상하거나 흥미롭게 느낀 것은 없다.
There are things which in a sense I remembered, but which did not strike me as strange or interesting until quite recently.

0999 비켜주세요. 내 길을 막고 있습니다.
Please move. You are in my way.

1000 그녀의 걱정은 종종 명쾌한 결정들을 내리는 길에 방해가 된다.
Her anxiety often gets in the path of making clear decisions.

1001 두려움이 당신의 꿈이 가는 길을 방해하게 하지 마라.
Don't let fear stand in the way of your dreams.

1002 여러 개의 장애물들이 우리의 목표를 달성하는 길에 놓여 있다.
Several obstacles lie in the way of achieving our goals.

1003 그는 고의적으로 그녀의 성공가도에 장애물을 두었다.
He deliberately put obstacles in the way of her success.

1004 나는 당신의 계획에 간섭할 것을 의도한 것이 아니라 도움을 제공하고 싶었을 뿐이다.
I didn't mean to interfere in your plans; I just wanted to offer assistance.

1005 허락없이 사람들의 일에 간섭하는 것은 권할 일이 아니다.
It's not advisable to meddle in other people's affairs without their permission.

1006 나는 당신의 걱정이 고맙지만 내 결정 과정에 개입하지 않으면 좋겠다.
I appreciate your concern, but I'd rather you not intervene in my decision-making process.

1007 타인의 일을 엿보는 것은 점잖지 못하다. 사생활을 존중하는 것이 중요하다.
It's not polite to pry in someone's business; respecting privacy is important.

1008 그녀는 종종 오해를 불러 일으키며 타인들의 사생활에 끼어드는 경향이 있다.
She tends to dabble in other people's personal lives, often causing misunderstandings.

1009 허락없이 타인의 개인적 공간에 침입하지 않는 것이 중요하다.
It's essential not to intrude in someone's personal space without permission.

1010 나는 당신이 도움을 요청하지 않는다면 당신의 문제에 개입되고 싶지 않다.
I don't want to get involved in your matters unless you ask for my assistance.

1011 해결책을 찾기 위해 중립적 당사자를 그 분쟁에서 중재하도록 만드는 것이 종종 도움된다.
It's often helpful to have a neutral party mediate in conflicts to find a resolution.

1012 그들의 동의 없이 남의 일에 간섭하는 것은 적절하지 못하다.
It's not appropriate to tamper in someone's affairs without their consent.

(08) in + 방향

1013 어떤 방향으로 그 사슴이 갔습니까?
In which direction did the deer go?

① in the east	동쪽에서	② in the west	서쪽에서
③ in the north	북쪽에서	④ in the south	남쪽에서

(09) in + 말, 음성

1014 그는 나에게 낮은 목소리로 말했다.
He spoke to me in a low voice.

in

1015 한 마디로 그는 영웅이다.
　　　In a word, he is a hero.

1016 간단히 말해서, 그 게임은 동작이 거의 없다.
　　　In short, the game has little action.

| ① in other words | 다시 말해서 | ② in brief | 간단히 말해서 |
| ③ in summary | 요약해서 | ④ in short | 간단히 말해서 |

(10) in + that 절 : '~라는 점에 있어서'

1017 인간은 동물들의 운명을 책임지고 있다는 점에 있어서 그들과 다르다.
　　　Man is different from other animals in that he is responsible for their fate.

(11) 숫자 + in + 숫자 : 분수, 부분적 의미

1018 열 명 중 아홉 명은 그렇게 생각한다.
　　　Nine in ten think so.

1019 천 명 중 한 명이 그것을 할 수 있다.
　　　One man in a thousand can do it.

1020 오늘이 십 년 중 가장 더운 날이다.
　　　It is the hottest day in ten years today.

03　in + 시간 혹은 이에 준하는 명사

(01) in + 계절, 월, 년도

| ① in the spring | 봄에 | ② in the summer | 여름에 |

③ in the autumn	가을에	④ in the winter	겨울에
⑤ in January	1월에	⑥ in 2020	2020년에
⑦ in the 1900s	1900년대에	⑧ in the 21st century	21세기에

(02) in + 때, 특정 시기

① in war time / in peace time	전시에 / 평화시에
② in one's childhood	유년기에
③ in another moment	당장에라도
④ in the future, in the past	미래에, 과거에
⑤ in the morning	아침때에
⑥ in the afternoon	점심때에
⑦ in the evening	저녁때에
⑧ in one's life, in one's lifetime	자기의 생애에

(03) in + 시간단위

1021 나는 그를 오랫동안 보지 못했다.
I have not seen him in ages.

1022 그는 이삼일 후 돌아올 것이다.
He will be back in a couple of days.

1023 당신은 하룻밤 사이에 내 남자 친구가 될 수는 없다.
You can't be my boyfriend in one night.

in

04 'in + 명사 + of' 구조의 주요 관용어

1024 그들은 생명의 증거를 찾아 화성에 갔다.
They went to Mars in search of some evidence of life there.

1025 그 문은 수리가 필요한 상태이다.
The door is in need of repair.

1026 그들의 문제들에도 불구하고 정통적인 교실은 온라인보다 많은 장점들을 지니고 있다.
In spite of their problems, traditional classrooms hold many advantages over online classes.

① in pursuit of	추구하여	② in search of	찾아서
③ in quest of	~를 탐색하여	④ in need of	필요하여

1027 어떤 영웅들은 심한 역경에도 불구하고 빛을 내며, 어려운 상황들 속에서 놀라운 업적을 수행한다.
Some heroes shine in the face of great adversity, performing amazing deeds in difficult situations.

① in spite of	~에도 불구하고
② in the face of	~의 면전에서, ~에도 불구하고
③ in the teeth of	~의 면전에서, ~에도 불구하고

1028 은퇴하는 교장 선생님을 기리는 송별파티가 제공될 것이다.
A farewell party will be given in honor of our retiring principal.

1029 그는 사랑이라는 관점에서 너를 용서했다.
He forgave you in the light of love.

1030 그는 모든 것을 돈이라는 조건에서 본다.
He sees everything **in terms of** money.

1031 내 사랑의 징표로 이것을 받아 주세요.
Please take this **in the token of** my love.

1032 비가 올 경우, 내 우산을 이용해도 된다.
You can use my umbrella **in case of** rain.

1033 일찍 휴가를 가고 싶어서 그가 그렇게 말했나요?
Did he say so **in favor of** having an early vacation?

1034 만약 우리가 연령대의 관점에서 우리의 사회를 묘사하고자 한다면, 우리는 4개의 연령 집단 - 유년기, 청소년기, 성숙기 및 노년기 - 을 떠올려야 한다.
If we want to describe our society **in terms of** age, we may come up with four age groups - childhood, adolescence, maturity, and old age.

1035 하지만 모두가 그 큰 공을 사용하는 것을 좋아하는 것은 아니다.
Not everyone is **in favor of** using the big ball, however.

① in terms of	~의 조건에서, 관점에서	② in token of	~의 징표, 증거로서
③ in honor of	~에 대한 경의로	④ in the light of	~에 비추어서
⑤ in view of	~의 견지에서	⑥ in place of	~의 입장에서
⑦ in regard of	~에 관하여	⑧ in respect of	~에 관하여
⑨ in case of	~의 경우에	⑩ in charge of	~를 담당하여
⑪ in favor of	~를 편들어, 좋아하여	⑫ in the event of	~의 경우에

in

05　in + 명사 + with, for, to 등 구조의 주요 관용어

1036　신사인데다가 그는 아직 만나는 여자도 없다.
　　　In addition to being a gentleman, he isn't seeing any girl so far.

① in comparison with	~와 비교하여	② in accordance with	~에 준하여
③ in answer for	~에 부응하여	④ in connection with	~와 연결하여
⑤ in touch with	~와 접촉하여	⑥ in relation to	~와 관련되어
⑦ in association with	~와 관련되어	⑧ in response to	~에 응하여
⑨ in addition to	~에 더하여	⑩ in contrast to	~에 대조적으로
⑪ in contrast with	~에 대조적으로	⑫ in reply to	~에 답하여
⑬ in return for	~의 보답으로		

06　주요동사 + in

(01) believe in : '존재를 믿다'

1037　나는 동화를 믿지 않는다.
　　　I don't believe in fairy tales.

1038　그녀는 모든 것을 불완전하게 하는 것을 믿지 않았다.
　　　She didn't believe in doing anything halfway.

(02) abound in : '풍부하다'

1039　이 강은 물고기가 많다.
　　　This river abounds in fish.

(03) break in : '침입하다'

1040 누군가 침입했나요?
Did someone break in?

1041 너는 새 구두를 길들여야 한다.
You have to break in your new shoes.

(04) deal in : '거래 (취급) 하다'

1042 동전을 거래하는 곳은 많지 않습니다.
There are not many that still deal in coins.

1043 나는 이혼 사건들을 다룹니다.
I deal in divorce cases.

(05) take in : '섭취하다, 속이다'

1044 그것은 섭취하기에는 너무 많다.
It is too much to take in.

1045 우리 시대를 독특하게 만드는 것은 우리가 흡수하는 자료의 비중은 아니다.
What makes our time distinct is not the density of the data we take in.

1046 나는 기만당하고 싶지 않다.
I don't want to be taken in.

(06) indulge in : '마음껏 ~하다'

1047 그는 담배를 너무 피운다.
He indulges in tobacco.

(07) participate in : '참여하다'

1048 그 누구도 이 위험한 게임에 참가하지 않을 것이다.
No one will participate in this dangerous game.

(08) result in : '결과를 낳다'

1049 그의 말은 오해를 낳았다.
His words resulted in misunderstandings.

in

(09) specialize in : '전공하다'

1050 그는 동물학을 전공한다.
He specializes in zoology.

1051 예를 들어 어떤 아이가 과학에서 좋은 점수를 얻는다면, 그 아이는 과학을 전문으로 하는 중, 고등학교에 입학할 것입니다.
For example, if a child scores well in science, he or she would then attend middle and high schools which specialize in science.

(10) major in : '전공하다'

1052 나는 경영학을 전공한다.
I major in business administration.

(11) trust in : '믿다'

1053 나 자신의 마음을 믿어도 되나요?
Can I trust in my own heart?

1054 우리 대부분은 우리의 문제들을 해결하는데 기술을 믿을 수 있다고 생각한다.
Most of us believe that we can trust in technology to solve our problems.

(12) turn in : '제출하다, 반납하다'

1055 당신은 도서대출증 반납했습니까?
Have you turned in your library card?

(13) come in : '어떤 상태로 나오다, 생산되다'

1056 그 자동차는 두 가지 색깔로 나온다.
The car comes in two colors.

(14) confide in : '~에게 비밀 등을 털어놓다'

1057 당신은 비슷한 경험들을 가진 그에게 털어놓아도 된다.
You can confide in him who has similar experiences.

07 전치사 in의 목적어가 빠지고 부사화된 in

* take in 이나 bring in 등에서 타동사의 목적어가 대명사인 경우, 동사 뒤에 위치시킨다.

1058 그를 안으로 데려오세요.
Bring him in. (Not bring in him)

(01) '~안에 [으로], 속에 [으로] (↔ out)'

1059 안으로 들어오십시오.
Come in. = (美) Come on in.

1060 그는 안에 있습니까?
Is he in?

1061 오늘 저녁은 안에서 식사합니다.
This evening I am going to eat in.

(02) '도착하여, 들어와 있는'

1062 열차가 도착해 있다.
The train is in.

1063 여름이 왔다.
The summer is in.

(03) '유행하여, 한창으로 [이어서], 정권을 장악한'

1064 굴이 제철을 만났다.
Oysters are now in.

1065 그런 모자가 유행이다.
Those hats are in.

1066 자유당이 정권을 잡고 있었다.
The Liberals were in.

in

1067 불이 타고 있다.
  The fire is in.

1068 개울은 수풀 사이를 꾸불꾸불 흘러가고 있다.
  The brook winds in and out among the bushes.

> * 동사와 함께 in and out; 안팎으로

① In there!	(안을 가리켜서) 저기 저안에! ; 안에 있는 사람들!
② In with it!	그것을 집어넣어라!
③ In with you!	안으로 드십시오!

(04) 형용사 용법

~ 안의, ~ 내부의

① an in patient	입원 환자
② the in party	여당
③ an in-house publication	사내 간행물
④ the in color	유행하는 색
⑤ an in-service training	직무 연수
⑥ the in place	유행하는 곳, 인기 있는 곳
⑦ an in-depth interview	심층 면접
⑧ the in-crowd favorite	인싸들이 좋아하는
⑨ an in-season vegetable	제철 채소
⑩ the in-demand artist	인기 있는 예술가
⑪ an in-house chef	사내 요리사

1069 그 회사는 직원들에게 최신 정보를 제공하기 위해 사내 간행물을 만든다.
The company produces an in-house publication to keep employees informed.

1070 이 번 시즌은 파스텔들이 패션계에서 유행색이다.
This season, pastels are the in color in the fashion world.

1071 선생님들은 기술을 향상시키기 위해 직무연수에 참석했다.
Teachers attended an in-service training to enhance their skills.

1072 그 공원은 가족들이 주말을 보내기 위한 인기 장소가 되었다.
The park has become the in place for families to spend weekends.

1073 그 언론인은 유명한 과학자와 심층면접을 수행했다.
The journalist conducted an in-depth interview with the renowned scientist.

1074 그 새 영화는 독특한 줄거리로 인해 인싸들의 호응을 얻었다.
The new movie quickly became the in-crowd favorite for its unique storyline.

1075 토마토는 여름철의 제철 채소이다.
Tomatoes are an in-season vegetable during the summer months.

1076 그 갤러리는 현대미술분야의 인기 미술가들을 특징적으로 다루었다.
The gallery featured the in-demand artist of the contemporary art scene.

1077 그 식당은 독특한 음식을 만드는 사내 요리사를 갖춘 것에 자부한다.
The restaurant takes pride in having an in-house chef to create unique dishes.

(05) 명사 용법

①	[the ~s]	여당, 집권당 ; 공격측
②	the ins and outs	(하천 따위의) 굴곡 (twists and turns)
③	the ins and the outs	여당과 야당

33

in spite of

용법

(01) ~에도 불구하고

01　~에도 불구하고

1078　비에도 불구하고 그들은 야외 바비큐를 진행하기 위해 나가기로 결정했다.
In spite of the rain, they decided to go ahead with the outdoor barbecue.

1079　고소 공포에도 불구하고 그는 산의 정상까지 올랐다.
In spite of his fear of heights, he climbed to the top of the mountain.

1080　그녀는 바쁜 일정에도 불구하고 취미를 위한 시간을 늘 찾아 낸다.
She always finds time for her hobbies, in spite of her busy schedule.

1081　그들은 그 차질에도 불구하고 목표를 성취하려는 결의를 지켰다.
They remained determined to achieve their goals, in spite of the setbacks.

34 inside

용법

(01) inside of 와 같이 사용하여 : '~의 내부로, 내부에'

01 inside of 와 같이 사용하여 : '~의 내부로, 내부에'

* inside 뒤에서 목적어를 생략하고 쓰는 경우가 많음.

1082 그 폭풍의 핵 속에서는 날씨가 아름다웠다.
Inside the core of the storm, the weather is beautiful.

1083 그는 그 가방의 지퍼를 열고 안을 들여다보았다.
He zipped open the bag and looked inside (it).

1084 차 안에 있는 사람들은 어떻습니까? 다친 사람 없나요?
What about the ones inside the car. Is anyone hurt?

1085 그들은 안으로 들어갔고 안에서 바빠 보였다.
They went inside and looked busy inside.

1086 누군가가 안에서부터 총을 쏘는 것처럼 보인다.
It seems like someone is shooting from inside.

1087 그는 몰래 그들을 따라 안으로 들어갔다.
He secretly followed them inside.

1088 문이 열렸고 그 신사는 잽싸게 안으로 걸어 들어왔다.
The door opened and the gentleman quickly stepped inside.

1089 안으로 들어가자.
Let's get inside.

35 into

용법

(01) 동작동사 + into : 진입의 의미
(02) 변경동사 + into : 변화의 결과
(03) 주요 표현 정리

주요 콜로케이션

①	break into ~로 침입하다	②	change into ~로 변화하다	③	delve into 파고들다, 탐구하다
④	ease into 부드럽게 적응하다	⑤	get into ~안으로 들어가다	⑥	jump into 뛰어들다
⑦	leap into 뛰어들다	⑧	look into ~을 들여다보다	⑨	make A into B A를 B로 변화시키다
⑩	persuade A into B A를 B하도록 설득하다	⑪	reason A into B A를 B하도록 설득하다	⑫	run into ~을 우연히 만나다
⑬	settle into 정착하다, 자리 잡다	⑭	tap into 이용하다, 개봉하다	⑮	translate A into B A를 B로 번역하다
⑯	inquire into ~을 조사하다	⑰	tune into 주파수를 맞추다, 동조하다	⑱	turn A into B A를 B로 변화시키다
⑲	turn into ~로 변화하다				

01 동작동사 + into : 진입의 의미

1090 그들은 집안으로 침입해왔다.
They broke into the house.

1091 그는 상자 속을 들여다보았다.
He looked into the box.

1092 내가 그 사건을 조사하겠다.
I will inquire into the case.

1093 곤란에 빠지고 싶지 않을 것이다. 그렇지?
You don't want to get into trouble, do you?

1094 그들은 밤늦게까지 파티를 했다.
They had a party far into the night.

02 변경동사 + into : 변화의 결과

1095 우리는 이 실험을 통해 물을 얼음으로 만들 수 있다.
We can turn water into ice through this experiment.

1096 짧은 시간 안에 밀가루를 빵으로 만들 수 있는가?
Can you make flour into bread in a short time?

1097 내 직업은 한글을 영어로 번역하는 것입니다.
My job is to translate Korean into English.

1098 오후 들자 비가 눈으로 바뀌었다.
The rain changed into snow in the afternoon.

1099 애벌레가 나비로 바뀐다.
A caterpillar turns into a butterfly.

1100 그는 위협보다는 설득으로 순응하도록 하는 것을 더 좋아한다.
He prefers reasoning a person into compliance rather than frightening.

into

03 주요 표현 정리

(01) tap into : 이용하다, 개봉하다

1101 그 회사는 최신 상품과 함께 새로운 시장들을 이용하고 싶어 한다.
The company is hoping to tap into new markets with its latest product.

(02) leap into : 뛰어들다

1102 그 위험에도 불구하고 그는 기업세계에 뛰어들기로 결정했다.
Despite the risks, he decided to leap into the entrepreneurial world.

(03) jump into : 뛰어들다

1103 그 모든 세부사항들을 알지 못하고 새로운 모험사업에 뛰어드는 것은 용기를 필요로 한다.
It takes courage to jump into a new venture without knowing all the details.

(04) delve into : 파고들다, 탐구하다

1104 그 역사가는 더 많은 정보를 찾아 내기 위해 그 문서보관소를 탐구하기로 결정했다.
The historian decided to delve into the archives to find more information.

(05) tune into : 주파수를 맞추다, 동조하다

1105 오늘밤 라디오쇼에 주파수를 맞추는 것을 잊지 마세요. 멋진 초대손님이 나옵니다.
Don't forget to tune into the radio show tonight; they have an exciting guest.

(06) settle into : 정착하다, 자리 잡다

1106 며칠 걸렸지만 그녀는 마침내 새로운 일에 자리를 잡았다.
It took a few days, but she finally settled into her new job.

1107 그 가족은 이사과정 후에 그 새로운 집에 정착하기 시작했다.
The family began to settle into their new home after the moving process.

(07) ease into : 부드럽게 적응하다

1108 직장에서 새로운 업무에 부드럽게 적응하기 위해 시간을 충분히 사용하라.
Take your time to ease into the new responsibilities at work.

1109 그 치료과정은 그녀가 더 편한 심적 상태에 부드럽게 적응하도록 도와주었다.
The therapy session helped her ease into a more relaxed state of mind.

TOP VOCA PREPOSITION COLLOCATION

전치사 & 콜로케이션

L - S

- like
- of
- off
- on
- onto
- out of
- outside
- over
- save
- since

36 like

용법

(01) like + 예시 : '~처럼'

주요 콜로케이션

①	act like ~처럼 행동하다	②	feel like ~같이 느껴지다	③	look like ~처럼 보이다
④	smell like ~같은 냄새가 나다	⑤	sound like ~같이 들리다	⑥	talk like ~처럼 말하다
⑦	taste like ~같은 맛이 나다				

01 like + 예시 : '~처럼'

1110 이것처럼 하시오.
Do it like this.

1111 나는 너처럼 하지 않는다.
I won't do it like you.

1112 다른 소년처럼, 그는 술을 마시고 담배를 피우기 시작했다.
Like any other boy, he began to smoke and drink.

1113 그의 형제와는 달리 그는 음악과 책들을 좋아한다.
Unlike his brother, he likes music and books.

1114 모든 발명품들처럼, 이것 또한 계속적으로 재검토되고, 조사되고, 면밀히 분석될 것이고 마땅히 그리 되어야 한다.
Like all discoveries, this one will and should continue to be reviewed, examined, and scrutinized.

1115 당신이 한국인처럼 생각하면 답은 좀 더 쉽게 올 것입니다.
If you think **like any Korean**, the answer will come to you more easily.

* like 는 뒤에서 절을 받아서 접속사로도 사용 가능.

37 of

용법

(01) 소속, 소유관계
(02) 전체 중의 부분이나 일부
(03) 재료 표시
(04) 동격
(05) 비유의 동격
(06) 제거, 박탈
(07) 행위의 주체
(08) 행위의 대상
(09) 단순 수식
(10) 성품 형용사 + of + 사람
(11) of + 소유대명사 : 이중소유격
(12) 형용사 + of
(13) be + of + 추상명사 = be + 형용사
(14) 특정 형용사 + of + 명사
(15) 주요동사 + of

주요 콜로케이션

① approve of ~를 승인하다
② be afraid of 두려워하다
③ be aware of 알다
④ be capable of 할 수 있다
⑤ be certain of 확신하다
⑥ be confident of 확신하다
⑦ be conscious of 알다
⑧ be covetous of 탐내다
⑨ be desirous of 갈망하다
⑩ be destitute of 부족하다
⑪ be devoid of 부족하다
⑫ be empty of 거의 없다
⑬ be envious of 부러워하다
⑭ be fond of 좋아하다
⑮ be free of 없다

#	표현	뜻
⑯	be full of	가득 차다
⑰	be guilty of	죄가 있다
⑱	be ignorant of	모르다
⑲	be independent of	독립하다
⑳	be jealous of	시기하다
㉑	be out of	고갈되다
㉒	be positive of	확신하다
㉓	be proud of	자랑스러워하다
㉔	be reminiscent of	상기시키다
㉕	be short of	~가 부족하다
㉖	be sick of	싫증 나다
㉗	be sure of	확신하다
㉘	be suspicious of	~을 짐작하다
㉙	be weary of	싫증 나다
㉚	be worthy of	가치 있다
㉛	beware of	~를 경계하다
㉜	boast of	~를 자랑하다
㉝	complain of	~를 불평하다
㉞	consist of	~로 구성되다
㉟	die of	~로 사망하다
㊱	dispose of	~를 처분하다
㊲	dream of	~에 대해 꿈꾸다
㊳	hear of	~에 대해 듣다
㊴	know of	~에 대해 알다
㊵	repent of	~를 후회하다
㊶	smell of	~의 냄새가 나다
㊷	speak of	~에 대해 말하다
㊸	take advantage of	~를 이용하다
㊹	taste of	~의 맛이 나다
㊺	tell of	~에 대해 말하다
㊻	think of	~에 대해 생각하다
㊼	warn of	~에 대해 경고하다
㊽	what become of	어떻게 되다

(L - S) of

of

01 소속, 소유관계

1116 이것은 내 형제들의 방이다.
This is **the room of my brothers**.

* 이 경우 my brother's room 과 my brothers' room 이 발음상 같으므로 명확성을 주기 위해 전치사 of 를 사용하는 것이 좋다.

* 무생물의 소유격을 만들 때 이 형태로 쓰는 것이 일반적.
The legs of the table are too high.
The wings of the airplane have 6 engines.

02 전체 중의 부분이나 일부

1117 그 빵의 일부가 젖었다.
Some of that bread is wet.

1118 우리 중 하나가 가야 한다.
One of us has to go.

1119 모든 곤충들 중에서 메뚜기가 수확에 가장 해롭다.
Of all insects, locusts are the most harmful to harvest.

03 재료 표시

1120 나는 그 집을 목재를 사용해서 만들었다.
I built the house **of wood**. (be built of)

1121 그는 나를 사용해서 바보를 만들었다. (나를 바보로 만들었다)
He made a fool **of me**. (be made of)

04 동격

1122 우리는 부산이라는 도시를 방문했다.
We visited the city of Busan.

1123 옛날에 Nania 라는 왕국이 있었다.
Once there was a kingdom of Nania.

05 비유의 동격

1124 저 바보 같은 남자를 보라.
Look at that fool of a man.

1125 그녀는 천사 같은 아내이다.
She is an angel of a wife.

1126 우리는 산더미 같은 파도를 보았다.
We saw a mountain of a wave.

06 제거, 박탈

1127 그는 나에게서 자유를 빼앗았다. (사라지는 것은 자유)
He deprived me of my freedom. (be deprived of)

1128 그는 그 은행에서 모든 현찰을 털었다. (사라지는 것은 현찰)
He robbed the bank of all the cash. (be robbed of)

1129 그것은 너에게서 그 병을 치료할 것이다. (사라지는 것은 병)
It will cure you of the disease. (be cured of)

1130 그 사고는 그녀에게서 형제들을 앗아갔다. (사망한 것은 형제자매)
The accident bereaved her of her brothers and sisters. (be bereaved of)

1131 그들은 그 숲에서 덤불들을 제거했다. (사라지는 것은 덤불)
They cleared the woods of the undergrowth. (be cleared of)

of

07 행위의 주체

1132 그 부대의 도착은 새 국면을 의미했다.
The arrival of the troop meant a new phase.

1133 사상의 죽음은 독재 정치에서 기인한다.
The death of ideology results from dictatorship.

1134 그들은 제국주의의 부활을 기대했다.
They anticipated the revival of imperialism.

08 행위의 대상

1135 나는 대통령의 살해에 충격받았다. (대통령이 살해당함)
I was shocked at the murder of the president.

1136 그 시장의 선출은 악몽이었다. (시장이 선출됨)
The election of the mayor was a nightmare.

1137 내 아버지의 초상화가 벽에 걸려있었다. (내 아버지가 그려짐)
The portrait of my father hung on the wall.

09 단순 수식

1138 그녀는 열 살의 소녀이다.
She is a girl of ten.

1139 그녀는 능력 있는 남자를 선호한다.
She prefers a man of ability.

1140 내 나이의 남자라면 그것이 뭘 의미하는지 알 수 있다.
A man of my age could understand what it means.

1141 이 글의 주제는 무엇인가?
What is the subject of this passage?

1142 나는 그 규모의 호텔에서 숙박하고 싶다.
I like to stay at a hotel of such a size.

1143 그는 부자이다.
He is a man of means.

1144 나는 명예로운 사람이 필요하다.
I need a man of honor.

1145 나는 문인이 되고 싶다.
I want to be a man of letters.

10 성품 형용사 + of + 사람

1146 당신이 그렇게 말하다니 친절도 해라.
It is very kind of you to say so.

1147 그가 그 개를 죽였다니 잔인하기도 해라.
It was so cruel of him to kill the dog.

1148 내가 그 무거운 것을 들어올리는 것에 도움을 주다니 당신은 사려 깊다.
It is thoughtful of you to help me with the heavy lifting.

1149 공항까지 나를 태워주겠다고 제안하다니 당신은 너그럽다.
Your offer to drive me to the airport is generous of you to do so.

1150 생일날 나의 문앞에 꽃을 보내주다니 당신은 참으로 따뜻하다.
To send flowers to my doorstep on my birthday is a sweet gesture of you.

1151 내가 아플 때 스프를 가져오다니 당신은 사려깊다.
It is considerate of you to bring soup when I am sick.

of

11 of + 소유대명사 : 이중소유격

1152 나의 이 자동차는 엔진 결함이 있다.
This car of mine has an engine problem.

1153 그녀의 한 친구가 막 사망했다.
A friend of hers has just died.

1154 나는 그들의 사진을 몇 장 보았다.
I saw some photos of theirs.

1155 그의 부하들 누구도 부상당하지 않았다.
No men of his have been wounded.

12 형용사 + of

1156 그 그림은 나의 어린 시절 한 장면을 떠올리게 한다.
The painting is reminiscent of a scene from my childhood.

1157 현대의 스마트폰들은 다양한 기능들을 수행할 능력이 있다.
Modern smartphones are capable of performing numerous functions.

13 be + of + 추상명사 = be + 형용사

1158 그 정보는 가치가 없다.
The information is of no value (= is worthless).

1159 그들은 같은 종류이다.
They are of a kind (= are similar).

1160 나는 당신에게 조금이라도 도움이 되고 싶어요.
I would like to be of any help (= be helpful) to you.

1161 그의 결정은 매우 중요하다.
His decision is of great importance (= is very important).

14 특정 형용사 + of + 명사

1162 내 솜씨를 너무 믿은 나머지, 나는 공부를 열심히 하지 않고 너무 자주 친구들과 영화관이나 파티에 갔었다.
Overconfident of my skills, I didn't work hard and too frequently went to the movies and to parties with my friends.

1163 우리의 부모님들은 긴 그림자를 우리의 삶에 드리우고, 우리는 유아때, 그 존재를 인식한다.
Our parents cast long shadows over our lives, and we **become aware of their existence** when we are infants.

1164 그 차이점은, 무생물들은 가능성들을 인식하지 못하는 반면, 인간들은 진정한 대안들에 직면하는 것을 인식한다는 것이다.
The difference is that non-living things **are not conscious of** possibilities, whereas human beings are conscious that they face genuine alternatives.

1165 한국의 이들 국가와의 가까운 위치에도 불구하고, 한국은 그 치명적인 병에서 자유로웠다.
In spite of its close location to these countries, however, Korea has **remained free of** the deadly disease.

1166 과거에는 국가, 지역, 심지어 마을들까지 경제적으로 서로 의존하지 않았다.
Countries, regions, and even villages **were economically independent of** one another in the past.

1167 오늘날 우리 우주선들은 광속의 단지 1퍼센트 미만의 속도만 가능하다.
Today, our spaceships **are only capable of** achieving less than one percent of the speed of light

1168 그 바다는 상어로 가득했고 나는 그들의 관심을 끌고 싶지 않았다.
The ocean **is full of** sharks and I didn't care to attract their attention.

1169 이 우주쇼를 놓쳤다면 당신은 운이 없는 것이다.
If you missed this astronomical show, you're **really out of** luck.

of

15 주요동사 + of

(01) smell of : '~의 냄새가 나다'

1170 이방은 담배 연기의 냄새가 난다.
This room smells of cigarettes.

(02) taste of : '~의 맛이 나다'

1171 이 포도주는 코르크의 맛이 난다.
This wine tastes of cork.

(03) die of : '~로 사망하다'

1172 그는 폐암으로 사망했다.
He died of lung cancer.

(04) speak of : '~에 대해 말하다'

1173 호랑이도 제 말하면 온다.
Speak of the devil, and he appears.

(05) repent of : '후회하다'

1174 나는 내가 한 것을 후회하지 않겠다.
I will never repent of what I've done.

(06) know of : '~에 대해 알다'

1175 당신은 그 학설에 대해 아는가?
Do you know of the doctrine?

(07) hear of : '~에 대해 듣다'

1176 나는 그 경매에 대해 들어 보았다.
I heard of the auction.

(08) think of : '~에 대해 생각하다'

1177　그는 그 사무 건물 내에서 금연을 생각한다.
　　　He is thinking of banning smoking in the office building.

(09) dream of : '~에 대해 꿈꾸다'

1178　내가 당신의 여자친구가 되리라는 것을 꿈조차 꾸지 말라.
　　　Don't even dream of me being your girlfriend.

(10) complain of : '불평하다'

1179　고객들이 그 종업원의 태도에 대해 불평한다.
　　　Customers complain of the waiter's attitude.

(11) boast of : '자랑하다'

1180　그들은 그들의 잘 길러진 턱수염을 자랑한다.
　　　They boast of their well-grown beards.

(12) beware of : '경계하다'

1181　방문객들은 개들에 대해 조심해야 한다.
　　　Visitors should beware of the dogs.

(13) what become of + A : 'A가 어떻게 되다'

1182　그 희생자는 어떻게 되었는가?
　　　What has become of the victim?

(14) approve of : '승인하다'

1183　당국은 그 비행기의 착륙을 승인하지 않았다.
　　　The authority didn't approve of the flight's landing.

of

(15) dispose of : '처분하다'

1184 우리는 일회용으로 고안된 물품들을 줄여야 한다.
We must reduce things designed to be disposed of.

(16) tell of : '~에 대해 말하다'

1185 이것이 그 고대 전쟁에 대해 말하는 유일한 시이다.
This is the only poem that tells of the ancient war.

(17) consist of : ~로 구성되다

1186 그 팀은 다양한 배경을 가진 기술있는 전문인들로 구성되어 있다.
The team consists of skilled professionals from various backgrounds.

(18) take advantage of : ~를 이용하다

1187 그는 그에게 제시된 그 기회를 이용하기로 결심했다.
He decided to take advantage of the opportunity presented to him.

(19) warn of : ~에 대해 경고하다

1188 그 기후보고서는 다가올 폭풍에 대해 경고했다.
The weather report warned of an approaching storm.

38 off

용법

(01) 분리, 격리, 이탈
(02) 할인
(03) on 의 상대개념으로 동사구에서 사용
(04) 발산
(05) 시작
(06) 소멸
(07) 주요 표현 정리

주요 콜로케이션

①	be off 중단되다	②	be on 진행되다	③	brush off 털어내다
④	call off 취소하다, 불러서 떼어내다	⑤	come off 벗겨지다	⑥	cut off 잘라내다, 그만두다
⑦	fend off 막아내다	⑧	get off ~에서 내리다	⑨	get on 타다
⑩	give off 발산하다	⑪	go off 터지다, 시작되다	⑫	keep off 벗어나서 존재하다, 들어가지 않다
⑬	kick off 시작하다	⑭	live off 먹고 살다	⑮	pay off 청산하다
⑯	pull off 끌어내다, 도출하다	⑰	put off 미루다	⑱	put on 입다
⑲	rip off 바가지씌우다	⑳	set off 시작하다, 출발하다	㉑	set off, go off 울리다, 터지다

off

㉒	shake off 털어내다	㉓	turn on 켜다	㉔	start off 시작하다, 출발하다
㉕	take off 벗다, 이륙하다	㉖	tear off 찢어내다	㉗	turn off 끄다
㉘	turn on 켜다	㉙	work off 조금씩 벗어나다	㉚	

01 분리, 격리, 이탈

1189 그 시신은 도로에서 2마일 떨어져서 발견되었다.
The body was found two miles off the road.

1190 나는 시청 주변 거리를 걸었다.
I walked the streets off the city hall.

1191 그는 오늘 비번이다.
He is off duty.

1192 나는 너에게서 눈을 뗄 수가 없다.
I can't take my eyes off you.

1193 그것은 요점을 벗어난다.
That is off the point.

1194 그는 심신이 정상이 아니다.
He is off the hinges.

1195 나는 그 반지를 내 손가락에서 뺄 수가 없다.
I can't get the ring off my finger.

1196 나는 그 얼룩을 내 셔츠에서 뺄 수가 없다.
I can't get the stain off my shirt.

1197 페인트가 벗겨졌다.
The paint has come off.

1198 그 기차가 선로에서 벗어났다.
The train **ran off** the track.

1199 꺼지지 않으면 죽도록 때리겠다.
Be off, or I'll beat the shit out of you.

1200 그 택시는 대기하지 않고 떠나버렸다.
The taxi **drove off** instead of standing by.

1201 비행기가 곧 이륙하니까 안전벨트를 매어주세요.
The plane will soon **take off** so fasten your seat belts.

1202 먼지를 털어내라.
Brush the dust **off**.

1203 그는 이마에서 땀을 닦아냈다.
He **wiped** sweat **off** his forehead.

1204 흙을 씻어내라.
Wash all the dirt **off**.

1205 꼬리를 잘라내라.
Cut the tail **off**.

1206 나는 내 우울증을 털어버릴 수가 없다.
I can't **shake off** my blues.

1207 그는 시축을 했다.
He **kicked** the ball **off**.

1208 개 좀 불러 떼어내 주세요.
Please **call** your dog **off**.

1209 그 서류를 찢어버려라.
Tear off the document.

1210 그 문을 닫아라.
Shut the door **off**.

1211 당신은 그 두려움을 떨쳐야 한다.
You must **put off** the fear.

off

1212 그 편지에 답하는 것을 미루지 마라.
Don't **put off** answering the letter.

1213 그 치즈의 냄새만 맡아도 식욕이 사라진다.
The mere smell of the cheese **put** me **off** the food.

1214 그 흰색 커튼은 그 푸른 방을 돋보이게 했다.
The white curtain **set off** the blue room.

1215 그들은 달로 가는 로켓을 발사시킬 계획이다.
They are planning to **set off** a rocket to the moon.

1216 그들은 작은 보트를 타고 출발했다.
They **set off** in a small boat.

1217 그 파장이 관찰자의 눈에 들어올 때 그것들은 연쇄적인 신경 화학적 현상을 유발시키는데, 그 현상의 최종산물은 우리가 색깔이라 부르는 신체내의 정신적 이미지이다.
When the waves enter the eye of an observer, they **set off** a chain of neurochemical events, the end product of which is an internal mental image that we call color.

02 할인

1218 당신의 정가의 10%를 할인받을 수 있다.
You can **get** 10 % **off** the list price.

03 on 의 상대개념으로 동사구에서 사용

(01) put on : '입다' ↔ take off : '벗다'

1219 그는 모자를 벗었다.
He took off his hat. He took the hat off (his head).

(02) get on : '타다' ↔ get off : '내리다'

1220 그는 기차에서 내렸다.
He got off the train.

1221 나는 지하철에서 한 남자가 내리려고 시도하는 것을 보았다.
I watched a man on the metro try to get off the train.

(03) turn on : '켜다' ↔ turn off : '끄다'

1222 그는 불을 껐다.
He turned off the light. He turned the light off.

1223 모든 것을 끄고 평화와 고요함을 즐겨라.
Turn everything off and enjoy the peace and quiet.

(04) be on : '진행되다' ↔ be off : '중단되다'

1224 그 프로그램은 잠시 중단되어 있습니다.
The program is off for the time being.

(05) on duty : '근무중인' ↔ off duty : '비번인'

1225 그는 비번이다.
He is off duty.

(06) on guard : '조심[경계하여]' ↔ off guard : '방심하여'

1226 그들은 경계를 하지 않고 있다.
They are off guard.

off

04 발산

1227 그 꽃은 불쾌한 냄새를 풍긴다.
The flower gives off an unpleasant odor.

1228 태양은 수십억 년 동안 빛과 열을 발산해 오고 있다.
The sun has been giving off light and heat for more than several billions of years.

1229 그 음료는 김이 빠져 있었다.
The soda had gone off.

05 시작

1230 그 폭탄은 곧 터질 것이다.
The bomb will soon go off.

1231 오늘 아침, 나의 자명종이 울리지 않았다.
My alarm clock didn't go off this morning.

1232 출발하자.
Let's start off.

06 소멸

1233 그 아기는, (음식물이)먹여진 후 잠잠해졌다.
The baby went off after being fed.

1234 폭풍은 산맥에 부딪힌 후 잠잠해졌다.
The storm went off after it hit the mountains.

1235 나는 일을 해서 빚을 조금씩 갚아나갔다.
I worked off the debt.

1236 그녀는 체중을 줄여야 했다.
She had to work off weight.

1237 그의 에너지는 사라져갔다.
His energy fell off.

1238 그의 원한은 당신이 진심으로 사과하면 사라질 것이다.
His grudge will die off when you truly apologize.

off

07 주요 표현 정리

(01) keep off : 벗어나서 존재하다, 들어가지 않다

1239 그 안내판은 명백히도 잔디밭에 들어가지 않도록 말하고 있다.
The sign clearly says to keep off the grass.

(02) write off : 결손, 폐품, 수리불가

1240 그 자동차는 그 사고에서 심하게 손상당해서 수리불가품으로 선언되었다.
The car was badly damaged in the accident and declared a write off.

(03) pull off : 끌어내다, 도출하다

1241 그 난제들에도 불구하고 그녀는 성공적 행사를 도출할 수 있었다.
Despite the challenges, she managed to pull off a successful event.

(04) live off : 먹고 살다

1242 야생에서 어떤 동물들은 서식지내에서 이용가능한 자원들에 의거해서 산다.
Some animals in the wild live off the resources available in their habitats.

(05) set off, go off : 울리다, 터지다

1243 그 자명종은 당신을 깨우기 위해 오전 7시에 울릴 것이다.
The alarm clock will go off at 7:00 AM to wake you up.

(06) fend off : 막아내다

1244 그 문지기는 시합도중 여러 슛들을 막아낼 수 있었다.
The goalkeeper managed to fend off several shots during the match.

(07) rip off : 바가지씌우다

1245 그는 단순수리에 대해 그토록 많은 돈을 지불한 후 바가지썼다는 느낌을 받았다.
He felt like he was ripped off after paying so much for a simple repair.

39 on

용법

(01) 접촉, 또는 접촉의 부속물에 관련되어서 이루어지는 행위

(02) 몸에 접촉하여 착용의 의미

(03) 접촉 자체보다는 의존이나, 근거의 의미로

(04) 동작의 방향이나 대상이 되는 경우

(05) on + 행위 : 행위의 진행

(06) 수여동사 + on + 대상 : '~에게'

(07) 그 밖의 동사 + on

(08) 계속의 의미를 갖는 부사 on

(09) '흐르고 있는, 켜져 있는' 등의 의미로 사용되는 형용사

(10) on + 주제 : '~에 관하여'

(11) on + 특정한 날짜, 특정한 하루의 때

(12) on + 행위 : '이 행위상 즉시'

(13) 주요 표현 정리

주요 콜로케이션

①	bet on ~에 투자하다	②	cash in on ~로 돈을 벌어들이다	③	chance on 우연히 만나다
④	cheat on ~에 대해 속임수를 쓰다	⑤	comment on 논평하다	⑥	decide on ~에 대해 결정하다
⑦	dwell on ~에 대해 곰곰이 생각하다	⑧	embark on 올라타다, 착수하다, 승선하다	⑨	fall on 날짜에 닥치다

on

⑩ **gain on** 따라붙다
⑪ **get on** 탈것에 오르다
⑫ **give up on** ~에 대해 포기하다
⑬ **go on a picnic** 소풍가다
⑭ **go on an errand** 심부름가다
⑮ **go on an excursion** 소풍 여행 가다
⑯ **hang on** 버티다
⑰ **hit on** 우연히 만나다
⑱ **hold on** 손을 놓지 않다, 버티다
⑲ **hold on to** ~를 계속 붙들고 있다
⑳ **improve on** 개선하다
㉑ **infringe on** 침해하다
㉒ **insist on** 주장하다
㉓ **jump on** ~에 뛰어들다
㉔ **meditate on** 명상하다
㉕ **miss out on** ~를 놓치다
㉖ **neither off nor on** 이러지도 저러지도 않는
㉗ **operate on** 수술하다, 달려서 작동되다
㉘ **pick on** ~를 골라서 괴롭히다
㉙ **play on** ~를 조종하다, ~에 영향을 끼치다
㉚ **ponder on** 명상하다
㉛ **prevail on** 설득하다
㉜ **put on** 착용하다, 음반을 올려 놓고 틀다
㉝ **reflect on** ~을 뒤돌아보다
㉞ **rest on** 의지하다, 근거하다, 놓여있다
㉟ **settle on** ~에 대해 결정하다
㊱ **stay on** ~에서 머물다
㊲ **tell on** 영향력을 세게 미치다
㊳ **trespass on** 침해하다, 폐 끼치다
㊴ **work on** 착수하다, 해결하기 위해 노력하다

01 접촉, 또는 접촉의 부속물에 관련되어서 이루어지는 행위

1246 몸에 돈을 지니고 있는가, 즉 수중에 돈이 있는가?
Have you **got** any money **on you**?

1247 탁자 위에 화병이 하나 있다.
There is a vase **on the table**.

1248 그는 그 그림을 벽 위에 걸었다.
He **put** the painting **on a wall**.

1249 그는 손과 무릎을 바닥에 접촉한 채 기었다.
He **crawled on hands and knees**.

1250 그는 배를 대고 엎드렸다.
He **lay on his stomach**.

1251 파리는 천장에 붙어서도 걸을 수 있다.
A fly can **walk on the ceiling**.

1252 누가 감히 그 고양이에게 방울을 달겠는가?
Who dares to **put** a bell **on the cat**?

1253 나는 그의 머리를 때렸다.
I **hit** him **on the head**.

1254 그는 나의 뺨을 가격했다.
He **boxed** me **on the cheek**.

1255 그 목수는 통나무 위에 또 다른 통나무를 쌓았다.
The carpenter **put** a log **on another log**.

1256 피아노로 재즈 한 곡을 연주해 줄 수 있겠는가?
Can you **play** a jazz **on the piano**?

1257 나는 종이 한 장 위에 로마숫자들을 적어 보았다.
I **wrote down** the Roman numerals **on a piece of paper**.

1258 정부는 봉급근로자에게 너무 많은 세금을 부과한다.
Government **imposes** too much income tax **on salary paid workers**.

on

1259 너 자신에게 잘못을 두지 마라.
Please don't put the blame on yourself.

1260 그는 그들에게 보복하는 것을 결코 잊지 않았다.
He never forgot to avenge himself on them.

1261 나는 당신에게 많은 부담을 지우길 원치 않는다.
I don't want to lay so much burden on you.

1262 당신은 전화상에서 원해지고 있다. 즉, 당신에게 전화 왔다.
You are wanted on the phone.

1263 그녀는 칼에 손가락을 베었다.
She cut her finger on a knife.

1264 나는 그것을 라디오에서 들었다.
I heard it on the radio.

1265 나는 그것을 티비에서 보았다.
I saw it on tv.

02 몸에 접촉하여 착용의 의미

1266 그는 외출할 때 항상 모자를 쓴다.
He always puts a hat on when he goes out.

1267 그들은 집안에서는 신발을 착용하지 않는다.
They do not put on shoes inside the house.

> * 이 경우 'with + 착용물 + on' 으로도 사용함.

1268 그녀는 양말을 신지 않았다.
She was with no socks on.
= She was in no socks.

1269 빨강 구두의 저 소녀를 보아라.
Look at the girl **with red shoes on**.
= Look at the girl **in red shoes**.

1270 이것을 입어보아라. 분명히 너에게 멋질 것이다.
Try it on. It will surely **look good** on you.

1271 이것을 입어보아라. 너는 분명히 멋있을 것이다.
Try it **on**. You will look good in it.

1272 그가 입고 있는 것과 같은 것을 주세요.
Please let me have one that he **has** on.

03 접촉 자체보다는 의존이나, 근거의 의미로

1273 아시아인들은 주로 쌀에 의존하여 산다.
Asians **live** mostly **on** rice.

1274 그 차는 단지 세 개의 바퀴에 의존하여 움직인다.
The car **moves on** only 3 wheels.

1275 나는 내가 옳다고 믿는 것에 근거하여 행동하기로 결심했다.
I decided to **act on** what I believed was right.

1276 그 자동차는 전기에 의존하여 운행되므로 환경에 해를 적게 끼친다.
The car **runs on electricity** so it does little harm to environment.

1277 당신은 현재의 수입에 의존하여 꾸려나갈 수 있는가?
Can you **get along on** what you earn now?

1278 그 물고기는 말류를 먹고 산다.
The fish **feed on** algae.

on

1279 나방을 주로 잡아먹는 포식자들은 그것(말벌나방)에게 접근하지 않는다, 왜냐하면 그것이 나방이 아니라 말벌처럼 보이기 때문이다.
The predators which **prey** mostly **on** moths do not approach it because it looks like a hornet, not a moth.

1280 나는 신용에 근거하여 구매와 판매를 한다.
I **buy and sell on** credit.

1281 당신은 나를 믿어도 된다.
You can **count on** me.

1282 누구도 자신이 보는 것에만 의존하지 않는다.
Nobody **relies on** what he or she sees only.

1283 그 소년이 어떻게 의식주를 자신에게 의존하고 있는지 상상해 보라.
Imagine how the child **depends on** himself for food, clothing and shelter.

1284 당신은 시중을 받고 있는 중인가(누군가가 당신에게 시중을 들어주고 있는가)?
Are you being **waited on**?

1285 그 누구도 그 부상자를 보살펴주지 않았다.
Nobody **attended on** the injured.

1286 어떤 근거로 당신은 그렇게 말했는가?
On what ground did you **say** so?

1287 당신은 이 의견에 동조하는가?
Do you **agree on** this matter?

1288 당신이 지금 해야 하는 일에 집중하는 게 어떨까?
Why don't you **center on** what you should do now?

1289 우선순위가 있는 일들에 집중할 수 있겠는가?
Can you **focus on** the things that have priority?

04 동작의 방향이나 대상이 되는 경우

1290 그들은 파리를 향해 행진했다.
They **marched on** Paris.

1291 그는 결코 나에게 등을 돌리는 법이 없다.
He never **turns back on** me.

1292 그는 나에게 농담을 했다.
He **played a joke on** me.

1293 그 마술사는 어리고 순진한 그들에게 속임수를 쓰고 있었다.
The magician was **playing a trick on** those young and naive.

1294 결혼을 축하합니다.
Congratulations on your wedding.

1295 그는 나에게 갑작스러운 공격을 했다.
He **made a sudden attack on** me.

1296 독일 공군은 런던을 향해 지속적인 공습을 했다.
The German air forces **made a continuous raid on** London.

1297 당신은 나에게 동정을 갖지 않고 있다.
You **have no compassion on** me.

1298 술은 내가 낸다.
The drinks **are on** me.

on

05　on + 행위 : 행위의 진행

1299　그들은 근무 중이다.
They are on duty.

1300　누구라도 경계 근무 중인가?
Is anybody on guard?

1301　그는 여기에 업무차 온 것이지 즐기려고 온 것이 아니다.
He came here on business, not for pleasure.

1302　그는 지금 휴가 중이다.
He is on leave now.

1303　나는 지금 식이요법 중이다.
I'm on a diet.

1304　그것은 지금 할인 판매중이다. 기회를 놓치지 말라.
It is on sale now. Don't miss the chance.

1305　때로는, 제품들은 할인판매가 된다.
Sometimes, products will be on sale.

1306　뉴스는 방송 중이다. 내가 그것을 막기 위해 할 수 있는 것이 없다.
The news is on air. There is nothing I can do to stop it.

1307　그 공장 근로자들은 더 나은 근무 환경을 위해 지금도 파업 중이다.
The factory workers are still on strike for a better working condition.

1308　그는 지금 다른 전화를 받고 있는 중이다.
He is on another line.

1309　나는 집에 가는 중이지만 나의 남편은 일하러 가는 중이다.
I am on my way home but my husband is on his way to work.

1310　기름을 잡아먹는 자동차들에 대한 열정은 식고 있다.
The passion for gas-gulping cars is on the decrease.

1311　그는 도망 중이다.
He is on the run.

1312　유가가 계속 오르고 있다.
The oil price is on the rise.

06 수여동사 + on + 대상 : '~에게'

1313 나는 그것을 자격이 있는 누구에게라도 주겠다.
I will **bestow** the right **on** whoever is qualified.

1314 왕은 몇몇 뛰어난 사람들에게 기사 작위를 수여했다.
The king **conferred** the knighthoods **on** several distinguished men.

1315 나는 당신에게 어떤 책임도 부과하지 않겠다.
I don't **impose** any responsibility **on** you.

07 그 밖의 동사 + on

(01) **infringe** on : '침해하다'

1316 나는 당신의 권리를 침해하려 의도하지 않는다.
I don't intend to **infringe** **on** your right.

(02) **reflect** on : '~을 뒤돌아보다'

1317 당신은 폭탄 해체 반에서 근무했던 파트너를 갖게 된 것이 얼마나 운이 좋은 것인지를 돌아볼 기회로 이 순간을 이용하게 될지도 모른다.
You might use this moment as an opportunity to **reflect** **on** how lucky you are to have a partner who worked in the bomb squad.

(03) **prevail** on : '설득하다'

1318 그는, 그의 친구에게 그와 함께 가자고 설득했다.
He **prevailed** **on** his friend to go with him.

(04) **settle** on : '~에 대해 결정하다'

1319 떠나는 날짜에 대해 결정했습니까?
Have you **settled** **on** a date for leaving?

on

(05) insist on : '주장하다'

1320 왜 당신은 그녀를 옹호할 것을 주장하는가?
Why do you insist on defending her?

(06) meditate on : '명상하다, 계획하다'

1321 그 수도사들은 성스러운 단어들에 대해 명상한다.
The monks meditate on holy words.

1322 그는 파리로의 여행을 계획했다.
He meditated on a journey to Paris.

(07) ponder on : '명상하다'

1323 당신의 미래에 대해 얼마나 자주 명상하십니까?
How often do you ponder on your future?

(08) improve on : '개선하다'

1324 진화라는 것은 항상 그 자신을 개선하려고 하는 것이다.
Evolution is always trying to improve on itself.

(09) hit on : '우연히 만나다'

1325 나는 나의 삶을 영원히 바꾸어 놓을 한 생각을 떠올리게 되었다.
I hit upon an idea that would change my life for ever.

(10) get on : '탈것에 오르다'

1326 그는 말에 오르고 있다.
He is getting on a horse.

(11) gain on : '따라붙다'

1327 두 대의 차가 여전히 우리를 따라붙고 있다.
Two cars are still gaining on us.

(12) fall on : '날짜에 닥치다'

1328 올해에 내 생일은 토요일이다.
My birthday falls on Saturday this year.

(13) chance on : '우연히 만나다'

1329 거기서 그는 초판본이라는 진짜 보물을 우연히 찾았다.
There he chanced on a real treasure, a first edition.

(14) miss out on : '놓치다'

1330 당신은 이 기회를 놓치면 안됩니다.
You should not miss out on this chance.

(15) operate on : '수술하다, 달려서 작동되다'

1331 당신이 괜찮으면 나는 당신의 아버지를 수술하겠습니다.
If you are okay, I will operate on your father.

1332 당신의 아내는 지금 수술받는 중입니다.
Your wife is being operated on now.

1333 그 장치는 그 통제기의 끝에서 작동된다.
The gadget operates on the end of the controller.

(16) rest on : '의지하다, 근거하다, 놓여있다'

1334 두 개의 우주복 헬멧이 의자 위에 놓여있다.
Two space helmets are resting on the chair.

(17) trespass on : '침해하다, 폐끼치다'

1335 그러면 제가 신세 좀 지겠습니다.
I shall trespass on your hospitality then.

1336 당신이 나의 사유지를 침해하지 않는 한 당신은 안전할 것이다.
As long as you are not trespassing on my property, you will be safe.

on

(18) comment on : '논평하다'

1337 나는 사람들이 당신의 외양에 대해 논평할 때 약간 자랑스럽다.
I feel a little proud when people comment on your look.

1338 그녀는 자신의 관점을 공유하기 위해 기사에 댓글을 달기로 결정했다.
She decided to comment on the article to share her perspective.

(19) tell on : '영향력을 세게 미치다'

1339 그의 나이가 그에게 영향력을 미치기 시작한다.
His age is beginning to tell upon him.

1340 신경쇠약이 그녀에게 심하다.
The nerve strain told on her.

(20) go on a picnic : '소풍 가다'

1341 우리는 숲속으로 소풍을 갔다.
We went on a picnic into the woods.

(21) go on an errand : '심부름가다'

1342 나를 위해 심부름 하나 해줄래요?
Will you go on an errand for me?

(22) go on an excursion : '소풍 여행가다'

1343 그는 긴 여행을 갈 것이다.
He is going on a long excursion.

(23) stay on : ~에서 머물다

1344 전화를 끊지 말고 기다려 주세요, 적절한 부서로 연결해 드리겠습니다.
Please stay on the line, and I'll connect you to the right department.

(24) hang on : 버티다

1345 잠시만 기다려 주세요; 요청하신 정보를 가지고 금방 돌아오겠습니다.
Hang on a moment; I'll be right back with the information you requested.

(25) put on : 착용하다, 음반을 올려 놓고 틀다

1346 그녀는 저녁 분위기를 내기 위해 좋아하는 음악을 틀었다.
     She put on her favorite music to set the mood for the evening.

(26) work on : 착수하다, 해결하기 위해 노력하다

1347 나는 시간 관리 능력을 향상시키기 위해 노력할 필요가 있다.
     I need to work on improving my time management skills.

(27) give up on : ~에 대해 포기하다

1348 꿈을 포기하지 마세요; 계속해서 목표를 향해 나아가세요.
     Don't give up on your dreams; keep working towards your goals.

(28) embark on : 올라타다, 착수하다, 승선하다

1349 그들은 새로운 사업에 착수할 예정이다.
     They are about to embark on a new business venture.

(29) cheat on : ~에 대해 속임수를 쓰다

1350 시험에서 부정 행위를 하는 것은 공정하지 않다; 정직함이 중요하다.
     It's not fair to cheat on a test; honesty is important.

(30) hold on : 손을 놓지 않다, 버티다

1351 롤러코스터를 탈 때 꽉 잡으세요.
     Hold on tight during the roller coaster ride.

(31) cash in on : ~로 돈을 벌어들이다

1352 일부 회사들은 인기 있는 트렌드에 편승해 매출을 증가시키려고 한다.
     Some companies try to cash in on popular trends to boost sales.

(32) play on : ~를 조종하다, ~에 영향을 끼치다

1353 음악가들은 신중하게 만들어진 멜로디로 종종 관객의 감정을 자극한다.
     Musicians often play on the emotions of their audience with carefully crafted melodies.

on

(33) decide on : ~에 대해 결정하다

1354 모두에게 맞는 회의 날짜를 정하자.
Let's decide on a date for the meeting that works for everyone.

(34) dwell on : ~에 대해 곰곰이 생각하다

1355 과거의 실수에 집착하는 것은 건강하지 않다; 앞으로 나아가는 데 집중하자.
It's not healthy to dwell on past mistakes; focus on moving forward.

(35) bet on : ~에 투자하다

1356 많은 투자자들은 경제적으로 불확실한 시기에 위험한 주식에 투자하는 것을 주저한다.
Many investors are hesitant to bet on risky stocks during uncertain economic times.

(36) pick on : ~를 골라서 괴롭히다

1357 다르다는 이유로 누군가를 괴롭히는 것은 옳지 않다.
It's not right to pick on someone just because they're different.

(37) hold on to : ~를 계속 붙들고 있다

1358 꿈을 굳게 붙잡고 포부를 절대 놓지 마라.
Hold on to your dreams and never let go of your aspirations.

(38) jump on : ~에 뛰어들다

1359 회사들은 더 많은 이익을 얻기 위해 종종 쉬운 결론에 뛰어든다.
Companies often jump on an easy conclusion to get more profits.

08 계속의 의미를 갖는 부사 on

1360 내가 설령 돌아오지 못해도 계속 살아가야 합니다.
Please **carry on**, if I am not back again.

1361 당신 없이는 살아갈 수 없어요.
I can't **carry on** without you.

1362 그는 계속해서 춤을 추었다.
He **danced on and on**.

1363 그는 세 시간 이상 계속 대화했다.
He **talked on** for more than 3 hours.

1364 멈추지 말고 계속 움직여라.
Do not stop. **Move on**.

1365 그날 이후 줄곧 나는 그 집에서 머물렀다.
I stayed at the house **from that day on**.

1366 당신의 이야기를 계속해보라.
Go on with your story.

1367 근처에 한 남자가 있었고 흥미를 가지고 계속 쳐다보았다.
There was a man near and **looking on** with interest.

1368 무슨 일이 진행되고 있는가?
What **is on**?

1369 싸움은 진행되었다.
The fight **was on**.

on

09 '흐르고 있는, 켜져 있는' 등의 의미로 사용되는 형용사

1370 티비가 아직도 켜져 있다.
The tv **is** still **on**.

1371 난방기를 켜라.
Turn the heater **on**.

1372 물이 흐르는가 멈추었는가?
Is the water **on** or off?

1373 나에게 반응이 왔다.
I **am on**.

10 on + 주제 : '~에 관하여'

1374 동양 역사에 관한 책 한 권이 곧 출시될 것이다.
A book **on oriental history** will soon be released.

1375 그 문제에 관하여 당신은 어떤 의견이 있는가?
Do you have any opinion **on that matter**?

1376 남성 심리학에 관한 새로운 연구가 있다.
There is a new study **on masculine psychology**.

1377 이것은 진정한 냉면을 만드는 조리법이다.
This is a recipe **on** how to make real cold noodles.

1378 어떻게 처신할지에 대한 충고는 사양한다.
I need no advice **on** how to behave.

11　on + 특정한 날짜, 특정한 하루의 때

1379 나는 아침에 산책하러 나가지만 비가 오거나 바람 부는 아침에는 나가지 않는다.
I go out for a walk in the morning but not **on a rainy or windy morning**.

1380 나는 오후에 차를 마시지만 더운 오후에는 과일주스를 선호한다.
I drink tea in the afternoon but prefer fruit juice **on a hot afternoon**.

1381 나는 저녁에 음악을 듣지만 조용한 저녁에는 독서를 선호한다.
I listen to music in the evening but would rather read **on a quiet evening**.

1382 우리 눈 내리는 성탄절 날 만날까요?
Shall we meet **on a snowy Christmas day**?

1383 그는 8월 15일에 태어났다.
He was born **on the 15th of August**.

12　on + 행위 : '이 행위상 즉시'

1384 당신은 요구 즉시 환불받을 수 있다.
You will have a refund **on demand**.

1385 당신은 신청 즉시 자격에 대해 통보받을 것이다.
You will be notified about the eligibility **on application**.

1386 나를 본 즉시 그는 무릎을 꿇고 용서를 구했다.
On seeing me, he knelt down and begged for pardon.

* 이 경우 보통 on + ing 형태로 자주 사용된다.

on

13 주요 표현 정리

(01) and so on : '기타 등등'

1387 나는 카레나 고추 등의 매운 음식을 좋아한다.
I like spicy food such as curry, hot pepper, and so on.

(02) on and off : '불규칙적으로'

1388 그는 불규칙적으로 의식을 차렸다.
He gained consciousness on and off.

1389 갑자기, 비행기의 착륙 불이 깜박이면서, 저녁의 평화로움은 깨졌다.
Suddenly, the peace of the evening was broken when the plane's landing lights started flashing on and off.

(03) on edge : '신경이 들떠서, 예민한'

1390 커피를 너무 마시면 기분이 들떠 있을 것이다.
Too much coffee will make you feel on edge.

(04) on horseback : '말을 타고서'

1391 그는 말을 타고 나타났다.
He appeared on horseback.

(05) on purpose : '일부러'

1392 그는 나에게 일부러 그렇게 했다.
He did it to me on purpose.

(06) on the spot : '현장에서 즉시'

1393 그들은 현장에서 죽었다.
They were killed on the spot.

(07) on record : '공식적으로'

1394 당신은 공식적으로 말하고 싶은 것인가요?
Do you want to speak on record?

(08) on and on : '계속해서, 쉬지 않고'

1395 그는 마침내 쓰러질 때까지 계속 일을 했다.
He worked on and on until he finally collapsed.

(09) neither off nor on : '이러지도 저러지도 않는'

1396 그는 우유부단하다.
He is neither off nor on.

1397 나는 어떤 방식으로든 그와 이야기를 할 필요가 있다.
I need to talk to him either off or on.

(10) on the contrary : '그와는 반대로'

1398 그것은 욕이 아니라 반대로 찬사이다.
It's not a curse. On the contrary, it's a compliment.

1399 그와는 반대로, 다른 스타 선수들은 그 계획에 반대했다.
On the contrary, other star players disagree to the plan.

(11) 의문사 뒤에서 on earth : '도대체'

1400 도대체 어떻게 그는 그것으로 사태를 막을 수 있었는가?
How on earth did he get away with it?

(12) on the other hand : '다른 한편'

1401 한편으로는 그를 믿고 싶지만, 또 한편으로는 그의 전력에 관해 물어야 한다.
On the one hand, I want to believe him, but on the other hand, I have to ask about his past.

1402 디자인은, 다른 한편으로, 제품의 기능인 문제를 해결하는 것과 주로 관련이 있다.
Design, on the other hand, is primarily concerned with problem solving, the function of a product.

on

(13) on one's own : '혼자서, 자신의 힘으로'

1403 나는 혼자 있다.
I am on my own.

(14) on the house : '주인이 직접 지불하여'

1404 우리는 막 무료로 그 음식을 제공했습니다.
We have just served the dish on the house.

1405 그러면 맥주도 공짜로 합시다.
Let's say the beer is on the house, too.

(15) on thin ice : 살얼음 위에 있는, 위태로운

1406 여러번 마감시간을 놓친 후 그는 상사와 살얼음 관계에 있다는 것을 알았다.
After missing several deadlines, he knew he was on thin ice with his boss.

(16) on the fly : 즉석에서, 정지하지 않고 움직이는 상황에서

1407 그들은 예상치 못한 변화들을 수용하기 위해 즉각적으로 조정을 해야 했다.
They had to make adjustments on the fly to accommodate the unexpected changes.

(17) on the same page : 같은 면을 보고 있는, 같은 생각을 하고 있는

1408 팀이 성공을 거두기 위해 모두 같은 생각을 하는 것이 중요하다.
It's essential for the team to be on the same page to achieve success.

(18) on the fence : 울타리 위에 놓여 있는, 어떤 쪽으로 내려 갈지 결정하지 않고 있는

1409 그녀는 아직도 그 일자리 제안을 수용할지에 대해 결정을 못하고 있다.
She's still on the fence about whether to accept the job offer.

(19) on a roll : 굴러가는 상황인, 탄력을 얻어서 잘 진행하고 있는

1410 첫 게임에서 승리한 후 팀은 그 동력을 이용해서 놀랍게 잘 해냈다.
After winning the first game, the team was on a roll and performed exceptionally well.

(20) on cloud nine : 제일 꼭대기 층에 있는 구름 위에 있는, 최고로 행복한 경지에 있는

1411 그 대회에서 우승한 것은 몇 주간 그녀를 구름 위에 올려 놓았다.
Winning the competition put her on cloud nine for weeks.

(21) on the go : 늘 움직이는

1412 바쁜 전문 직업으로서 그는 늘 쉬지 않고 회의에 참석한다.
As a busy professional, he is always on the go, attending meetings and conferences.

(22) on the horizon : 수평선이나 지평선에서 떠오르고 있는

1413 그 회사를 위한 멋진 기회들이 떠오르고 있다.
Exciting opportunities are on the horizon for the company.

(23) on the ball : 기민한 상태인

1414 여기서 성공하기 위해서는 모두가 기민하게 집중해야 한다.
To succeed here, everyone needs to be on the ball and focused.

(24) on the flip side : 뒤집어진 면에서는, 이면에서는, 다른 한편으로는

1415 이면에는 대처될 필요가 있는 잠재적 도전들이 있다.
On the flip side, there are potential challenges that need to be addressed.

(25) on the rocks : 배가 암초 위에 놓인, 위태로운

1416 그들의 관계는 현재 위태롭고 그들은 헤어짐을 고려하고 있다.
Their relationship is currently on the rocks, and they are considering a break-up.

40

onto

용법

(01) 접촉 + 방향의 의미

01 접촉 + 방향의 의미

1417 고양이가 테이블 위로 뛰어올랐다.
The cat **jumped** onto the table.

1418 그는 지붕 위로 뛰어올랐다.
He **climbed up** onto the roof.

1419 우리는 계속 그의 집을 향해 갔다. (onto 로 합칠 수 없다)
We **went on** to his house.

1420 그들은 그것을 들어 노새에 얹었다.
They lifted it up onto the mule.

1421 잉크 한 방울이 그 페이지 위에 떨어졌다.
A drop of ink **fell** onto the page.

1422 그들은 차를 몰고 길 위로 나섰다.
They **drove out** onto the road.

1423 그는 공중으로 높이 쏘아져서 지붕 위에 떨어졌다.
He was catapulted high into the air and onto the roof.

1424 로프를 꼭 잡아라.
Just **hold** onto the rope.

1425 함께 그들은 그녀를 다시 갑판 위로 끌어올렸다.
Together, they pulled her back onto the deck.

41

out of

용법

(01) out of + 출처 : '~로 부터'

(02) out of + 이탈물 : '이탈, 이탈로 인한 부재'

(03) out of + 소재

(04) out of + 동기

(05) 주요 표현 정리

주요 콜로케이션

① **jump out of**
~로부터 튀어나오다

② **lean out of the window**
창문 밖으로 몸을 기대다

③ **make A out of B**
B로부터 A를 만들어내다

④ **run out of**
~이 부족해지다

01 out of + 출처 : '~로 부터'

1426 두 마리의 곰이 숲속에서 나왔다.
Two bears came out of the forest.

1427 여럿 중의 하나면 족합니다.
One out of many is enough.

1428 열 번 중에서 아홉 번이 그 이론에 맞습니다.
Nine cases out of ten fit the theory.

out of

1429 그는 한 신문에서부터 그 기사를 클립했다.
He clipped the article **out of a newspaper**.

1430 그 창문 밖을 보아라.
Look **out of that window**.

02 out of + 이탈물 : '이탈, 이탈로 인한 부재'

1431 긴 치마를 입는 유행은 시대에 뒤떨어져 있다.
The fashion of wearing long skirts is **out of date**.

1432 시야에서 벗어나면 마음도 멀어진다.
Out of sight, out of mind.

1433 톰은 이미 들리지 않는 곳에 있었다.
Tom was already **out of hearing**.

1434 당신 정신 나갔느냐?
Are you **out of mind**?

1435 그는 당분간 실직 중이다.
He is **out of work** for the time being.

1436 나는 그것에서 벗어나 있다. 관계없다. 외롭다. 자유롭다. 틀렸다.
I am **out of it**.

1437 기름이 다 떨어졌다.
I have run **out of gas**.

1438 여기서부터 나가고 싶습니까?
Do you want to get **out of here**?

1439 그 우주선은 통제 불능이다.
The space ship is **out of control**.

1440 우리는 시간이 부족하다.
We are **running out of time**.

1441 그를 여기서 데리고 나가라.
Get him **out of here**.

1442 나는 숨이 차서 운동하는 것을 멈추었다.
I stopped working out **out of breath**.

1443 나의 길을 비켜라.
Move **out of my way**.

1444 그는 그 불타는 자동차로부터 뛰어내렸다.
He **jumped** out of the burning car.

1445 그는 그 승강기를 들락날락했다.
He was stepping in and **out of the elevator**.

1446 그는 창문 밖으로 몸을 내밀고 아이들이 마당에서 노는 것을 보았다.
He **leaned** out of the window and saw the children playing on the yard.

1447 나는 너를 문제되지 않도록 하겠다.
I will keep you **out of trouble**.

1448 여기서 슬쩍 빠져나가서 그와 접촉해라.
Can you slip **out of this place** and contact him?

1449 그를 학교 밖으로 쫓아내라.
Kick him **out of school**.

1450 그는 난데없이 나타났다.
He appeared **out of nowhere**.

1451 어둠으로부터 희미한 목소리가 들렸다. "거기 누구입니까?"
Out of the dark came a vague voice, "Who's there?"

1452 이제, 기타와 드럼 소리가 경기장으로부터 쏟아져 나오고 있다.
Now, the sounds of guitars and drums are pouring **out of the stadium**.

1453 모든 우아함과 아름다움은 그 강에서부터 사라져 버렸다.
All the grace and beauty had gone **out of the river**.

out of

1454 매일 아침 너는 웃는 얼굴로 침대에서 뛰쳐나오게 된다.
You jump out of bed each morning with a smile on your face.

1455 그는 야구장을 걸어 나가 어둠 속으로 사라졌다.
He walked out of the ballpark into the night.

1456 그 소년은 주머니에서 손을 꺼내며 안에 있던 동전을 셌다.
The little boy pulled his hand out of his pocket and studied a number of coins in it.

1457 그림 B의 이목구비들은 기본적으로 그림 A의 그것들과 동일하지만, 배경에서 분리되면, 그것들은 식별이 더 어려워진다.
The features in Figure B are basically identical with those in Figure A, but, out of context, they are less identifiable.

1458 너는 정말 재수가 없다.
You're really out of luck.

03 out of + 소재

1459 당신은 그것을 무엇으로부터 만들었는가?
What did you make it out of?

1460 그것은 비단으로부터 만들어진다.
It is made out of silk.

1461 우리는 이 물질들로부터 새로운 에너지를 얻을 수 있습니다.
We can have new energy out of these materials.

04 out of + 동기

1462 그는 호기심으로 인하여 그렇게 했다.
He did it **out of curiosity**.

1463 그는 동정심으로부터 너에게 그 돈을 빌려준 것이다.
He lent you the money **out of sympathy**.

1464 우리는 필요 때문에 그렇게 했다.
We acted **out of necessity**.

05 주요 표현 정리

(01) **out of the blue** : 난데없이

1465 그녀는 난데없이 예상치못한 좋은 소식의 전화를 받았다.
She received a phone call **out of the blue** with unexpected good news.

(02) **out of control** : 통제를 벗어난

1466 상황은 즉각적 주의를 요하는 통제불능으로 빠르게 소용돌이쳐 들어갔다.
The situation quickly spiraled **out of control**, requiring immediate attention.

(03) **out of reach** : 닿지 않는

1467 위쪽 선반의 책들은 손이 닿지 않아서 그는 그것을 집기 위해 스툴의자를 집어왔다.
The book on the top shelf was **out of reach**, so he grabbed a stool to get it.

(04) **out of order** : 고장 난

1468 그 승강기는 현재 고장 나 있으니 계단을 이용해 주세요.
The elevator is currently **out of order**; please use the stairs.

out of

(05) out of sight : 눈에 보이지 않는

1469   그는 그녀의 생일까지 그 깜짝 선물을 눈에 띄지 않게 했다.
He kept the surprise gift out of sight until her birthday.

(06) out of stock : 재고가 떨어진

1470   그 인기 품목은 현재 재고가 없지만 곧 더 많은 양이 구해질 수 있을 것이다.
The popular item is currently out of stock, but more will be available soon.

(07) out of date : 오래된, 철 지난

1471   그 오래된 교재 속의 정보는 철 지난 것인데 새로운 판본이 이용가능하다.
The information in the old textbook is out of date; a new edition is available.

(08) out of touch : 닿지 않는, 동떨어진, 연락이 끊어진

1472   해외에서 수년을 산 후 그녀는 현지 풍습과 동떨어진 느낌을 받았다.
After years of living abroad, she felt out of touch with local customs.

(09) out of focus : 초점이 안 맞는

1473   그 사진은 초점이 안 맞아서 그 피사체들을 식별하는 것은 어려웠다.
The photograph was out of focus, making it difficult to identify the subjects.

(10) out of gas : 연료가 떨어진

1474   그 차는 연료가 떨어져서 멈추었다.
The car came to a stop because it was out of gas.

(11) out of luck : 운이 없는

1475   그는 최선을 다했지만 그 잃어버린 열쇠를 찾는 것에서는 운이 없었다.
He tried his best, but he was out of luck in finding the lost key.

(12) out of the loop : 고리를 이탈한, 궤도에서 벗어난

1476 그녀는 휴가 중이어서 최근의 사무실 전개상황에 대해 이탈된 느낌을 받았다.
Since she was on vacation, she felt out of the loop about recent office developments.

(13) out of breath : 숨이 찬

1477 수 마일을 달린 후에 그는 완전히 숨이 찼다.
After running for miles, he was completely out of breath.

(14) out of character : 본래의 성격과 어울리지 않는

1478 그의 갑작스런 폭발은 평소의 차분한 성향에서 벗어난 것이었다.
His sudden outburst was out of character for someone usually calm.

(15) out of necessity : 필요에 의해서

1479 그는 비용을 충당하려는 필요성으로 인해 겸업을 했다.
He took on a second job out of necessity to cover his expenses.

(16) out of the ordinary : 평범을 벗어난, 특별한

1480 그 수수께끼같은 사건은 그 작은 마을에게는 특별한 것이었다.
The mysterious event was out of the ordinary for the small town.

(17) out of commission : 본연의 임무를 벗어난, 고장난

1481 그 고장난 기계는 수리가 완료될 때까지 현재는 본연의 일을 할 수 없는 상태다.
The broken machine is currently out of commission until repairs are completed.

(18) out of the question : 불가능한

1482 그토록 급박한 통지로 그 행사에 참석하는 것은 나에게 불가능하다.
Attending the event on such short notice is out of the question for me.

out of

(19) out of question : 당연한

1483 그의 정직과 성실은 확실하다 모두가 그를 전적으로 신뢰한다.
His honesty and integrity are out of question; everyone trusts him completely.

(20) out of nowhere : 난데없이

1484 갑자기 사슴이 튀어나와서 도로 위의 운전자들을 놀라게 했다.
A deer jumped out of nowhere, startling the drivers on the road.

42
outside

용법

(01) outside of 와 같은 의미 : '~의 바깥쪽에, ~으로'

(02) 범위를 넘어

(03) 주요 표현 정리

01 outside of 와 같은 의미 : '~의 바깥쪽에, ~으로'

* outside 뒤에서 목적어를 생략하고 쓰는 경우가 많음.

1485 그녀는 밖으로 나가 별똥별들을 보기 위해 하늘을 올려다보았다.
She **stepped** outside and looked up at the sky to see shooting stars.

1486 바깥에 주차된 것이 당신의 검정색 레인지 로우버차량입니까?
Is that your black Range Rover **parked** outside?

1487 무기를 가진 신사분들에게 밖에서 기다리라고 요청해 주시겠습니까?
Could you ask the gentlemen with the firearms to **wait** outside?

1488 창문 밖으로 바람이 세차게 불고 있다.
The wind is blowing hard **outside of the window**.

1489 밖을 한번 내다보자.
Let's take a look outside.

1490 그는 머리를 흔들고 맑은 공기를 마시러 밖으로 나갔다.
He shook his head, **going** outside for some fresh air.

1491 갑자기 밖으로부터 커다란 두드리는 소리가 있었다.
Suddenly there was a tremendous knocking **from outside**.

outside

02 범위를 넘어

1492 두세 사람 바깥으로는 아무도 모른다.
No one knows outside two or three persons.

1493 당신이 이미 진술한 범위를 넘어가서는 안 된다.
You should not go outside the remarks you already mentioned.

03 주요 표현 정리

(01) outside the box : 틀을 벗어난

1494 이 문제를 해결하기 위해서 당신은 틀을 벗어나 생각할 필요가 있다.
To solve this problem, you need to think outside the box.

(02) outside chance : 낮은 가능성

1495 매진된 콘서트 표를 구할 가능성은 극히 낮다.
There's only an outside chance of getting tickets for the sold-out concert.

(03) outside world : 외부세계

1496 고립 속에서 수년을 보낸 후 그는 바깥 세계와 다시 합류하길 열망했다.
After spending years in isolation, he was eager to rejoin the outside world.

(04) outside of : ~의 밖에서는

1497 업무 외에 그녀는 취미로 그림그리기를 즐긴다.
Outside of work, she enjoys painting as a hobby.

(05) outside interference : 외부 간섭

1498 그 게임은 외부 간섭들이 방해할 때까지 공정했다.
The game was fair until outside interference disrupted the match.

(06) outside opinion : 외부 의견

1499 외부 의견을 구하는 것은 그 이슈에 대해 새로운 관점을 제공할 수 있다.
Seeking an outside opinion can provide a fresh perspective on the issue.

(07) outside the norm : 규범을 벗어난

1500 그녀의 접근법은 표준에서 벗어난 것이었지만 매우 효과적이었다.
Her unique approach was outside the norm but highly effective.

43 over

용법

- (01) '위에 덮어서, 위에서'
- (02) '걸쳐서, 지나서'
- (03) '일대에, 전역에'
- (04) '넘는, 능가하는, 상회하는'
- (05) '시기가 끝나기 전까지'
- (06) '~에 관하여'
- (07) '앞에 두고, 하면서'
- (08) '~에 의해, 전달수단으로 하여'
- (09) 동사 뒤에서 반복을 뜻하는 부사로 사용
- (10) '간격을 두고 이동하여'
- (11) 형용사 over : '~이 끝나다'
- (12) 동사 뒤에 즐겨 쓰는 over
- (13) 주요 표현 정리

주요 콜로케이션

①	flow over 넘쳐 흐르다		②	fly over 위로 날다		③	get over 끝내다, 극복하다
④	give over 포기하다, 넘겨주다		⑤	go over 살펴보다, 건너다		⑥	hand over 넘겨주다
⑦	leave over 남기다, 미루다		⑧	look over 훑어보다, 넘어다보다		⑨	run over 넘어서 달리다
⑩	talk over 두고 대화하다						

01 '위에 덮어서, 위에서'

1501 그녀는 손으로 얼굴을 감쌌다.
She put her hands over her face.

1502 그는 모자를 당겨서 눈 위를 덮었다.
He pulled his cap over his eyes.

1503 성조기가 그들의 머리 위에서 펄럭이고 있었다.
The star-spangled banner was waving over them.

1504 머리 위로 우산을 들어주세요.
Please hold your umbrella over your head.

02 '걸쳐서, 지나서'

1505 그 나무들은 상당한 거리에 걸쳐서 심어져 있다.
The trees are planted over a good distance.

1506 무지개 너머 어디엔가 저 높은 곳에 내가 한때 자장가에서 듣던 왕국이 있다.
Somewhere, over the rainbow, way up high, there is a land that I heard of once in a lullaby.

1507 그 해협에 걸쳐서 금문이라고 불리는 큰 다리가 하나 있다.
There is a great bridge called Golden Gate over the channel.

1508 그 반죽은 내 손가락을 넘쳐서 흘러내렸다.
The dough flowed over my fingers.

1509 원한다면 나를 타고 넘어라.
If you want, you can climb over me.

1510 당신은 여러 해에 걸쳐서 잘해오고 있다.
You've been doing well over many years.

over

03 '일대에, 전역에'

1511 그 나라 전역에 걸쳐 풍력 장치가 생겨나기 시작했다.
The wind turbines started to spring all over the country.

1512 나는 유럽 전역을 여행했다.
I traveled all over Europe.

1513 너의 옷들이 바닥에 널려있다.
Your clothes are all over the floor.

04 '넘는, 능가하는, 상회하는'

1514 그것은 필요 이상의 것이다.
It is over and above what is wanted.

1515 그 비용은 개당 10불을 넘을 것이다.
The cost will be over 10 dollars each.

1516 두 시간이 조금 지나자 그 산의 정상이 나타났다.
After a little over two hours, the top of the mountain showed up.

1517 그는 우리 부서에서 나보다 상관이다.
He is over me in our department.

1518 나는 나의 상대편에 비해 몇 가지 유리한 점이 있다.
I have a few advantages over my opponent.

1519 울타리를 뛰어넘어라.
Jump over the fence.

05 '시기가 끝나기 전까지'

1520 그 환자는 오늘 밤을 넘기지 못할 것이다.
The patient will not make it **over tonight**.

1521 나는 그녀에게 주말 동안 그것을 해 달라고 부탁했다.
I asked her to do it **over the weekend**.

06 '~에 관하여'

1522 그녀는 딸을 잃은 것을 놓고 울었다.
She **cried over** the loss of her daughter.

1523 작은 문제로 신경 쓰지 마라.
Don't **bother over** a small matter.

1524 엎질러진 우유를 놓고 울어도 소용없다.
It is no use **crying over** spilt milk.

07 '앞에 두고, 하면서'

1525 커피 한 잔을 하면서 이야기 하자.
Let's **talk over** a cup of coffee.

1526 기분 좋게 맥주 한 잔 두고 기다려주세요.
Would you **wait over** a cheerful glass of beer?

over

08 '~에 의해, 전달수단으로 하여'

1527 첫 뉴스는 전화로 수신되었다.
The first news was received over the telephone.

1528 우리는 그것을 방송망으로 확산시킬 수 있다.
We can spread it over a network.

1529 마이크에 대고 말해주세요.
Please talk over the microphone.

1530 그는 하늘을 올려다보라고 내 귀에다 대고 속삭였다.
He whispered over my ears to look up to the sky.

1531 너는 나의 시신 위에서 그것을 할 수 있다. (내가 죽거든 혹은 나를 죽이고 해라)
You could do it over my dead body.

09 동사 뒤에서 반복을 뜻하는 부사로 사용

1532 나는 그것을 여러 번 생각해 보겠다.
I'll think it over.

1533 나는 그 편지를 다시 써야 했다.
I had to write the letter over and over again.

10 '간격을 두고 이동하여'

1534 이리로 와라.
Come over here.

1535 그는 아내를 오라고 불렀다.
He called his wife over.

1536 그는 나를 오라고 초대했다.
He invited me over.

1537 당신의 개수대(싱크대)를 수리하러 사람을 보내겠습니다.
I will send a man over to fix your sink.

1538 그 책들을 도서관으로 가지고 가라.
Take the books over to the library.

1539 저기서 금방 한 남자를 보았어요.
I just saw a man over there.

1540 이리로 와.
Over here.

1541 그들에게로 움직여 가라.
Move over to them.

11 형용사 over : '~이 끝나다'

1542 전쟁은 끝났다.
The war is over.

1543 그 사람은 끝났다.
It is all over with him.

over

12. 동사 뒤에 즐겨 쓰는 over

(01) hand over : '넘겨주다'

1544 나에게 그것을 건네라.
Please hand it over to me.

(02) look over : '훑어보다 / 넘어다보다'

1545 그는 그 서류를 훑어보았다.
He looked over the paper.

1546 그는 내 어깨 너머로 보았다.
He looked over my shoulder.

(03) go over : '살펴보다 / 건너다'

1547 당신이 그 집을 사기전에 다시 살펴보는 것이 좋겠습니다.
You'd better go over the house before you take it.

1548 그는 그 강을 건넜다.
He went over the river.

1549 그들은 그들에게 허락된 시간을 넘기는 것을 원하지 않는다.
They don't want to go over the time they are allowed.

(04) get over : '끝내다 / 극복하다'

1550 오늘이 끝나기 전에 그것을 끝내자.
Let's get it over before we call it a day.

1551 나는 그 어려움을 극복하려고 애썼다.
I tried to get over the difficulty.

(05) give over : '포기하다 / 넘겨주다'

1552 그녀는 그녀 자신의 아름다움을 생각하지 않게 되었다.
She has given over thinking of her own beauty.

1553 그것을 나에게 넘겨라.
Give it over to me.

1554 엄청나게 많은 공간이 나무나 새에게 주어지지 않고, 주차장들에게 주어진다.
Huge amounts of space are given over to parking lots rather than to trees and birds.

(06) leave over : '남기다 / 미루다'

1555 한 조각의 음식도 남기지 마라.
Don't leave any piece of food over.

(07) run over : '넘어서 달리다'

1556 그 자동차는 그를 치었다(타고 넘었다).
The car ran over him.

(08) talk over : '두고 대화하다'

1557 우리는 우리의 변호사와 그 문제에 대해 논의했다.
We talked over the matter with our lawyer.

(09) fly over : '위로 날다'

1558 그 모형 비행기는 그 강을 넘어서 날았다.
The model plane flew over the river.

(10) flow over : '넘쳐 흐르다'

1559 그 강은 그 제방을 넘쳐 흘렀다.
The river flowed over its banks.

over

13 주요 표현 정리

(01) over the moon : 매우 기쁜, 들뜬

1560 그녀는 그 좋은 소식을 들었을 때 매우 기뻤다.
She was over the moon when she received the good news.

(02) over the top : 과한, 지나친

1561 그 장식은 간단한 생일 파티에 비해 약간 과했다.
The decorations were a bit over the top for a simple birthday party.

(03) over the years : 수년에 걸쳐

1562 그 마을은 수년에 걸쳐 발전했고 바뀌었다.
The town has evolved and changed over the years.

(04) over and above : 그 이상의, 특별한

1563 그녀는 동료들을 돕기 위해 맡겨진 것 이상을 발휘했다.
She went over and above the call of duty to help her colleagues.

44

save

용법

(01) save : '~를 빼고서'
(02) save for

01 save : '~를 빼고서'

1564 하나를 제외한 모든 쿠키들이 다 먹혔다.
All of the cookies were eaten **save one**.

1565 브로콜리를 제외하고 그는 모든 야채들을 좋아했다.
He liked all vegetables **save broccoli**.

1566 그들은 스위철랜드를 제외하고 유럽의 모든 국가를 방문했다.
They visited every country in Europe **save Switzerland**.

1567 그는 마지막에서 두 번째이다.
He is the last **save one**.

1568 그를 제외하고 모두 사망했다.
All are dead **save him**.

1569 노란색을 제외한 등불들이 꺼진다.
The lights go off **save the yellow**.

1570 예전에는 종이들로 어지러웠던 테이블이 완전히 비어 있다는 사실을 제외하고는, 그것은 예전처럼 정리가 안 되어 있다.
It is as disordered as before **save** that the table, previously littered with pages, is now completely bare.

save

02 save for

1571 그녀는 한 학생을 제외하고 그 반의 모든 학생들과 친구였다.
She was friends with everyone in the class save for one student.

1572 그 과제는 몇 개의 사소한 지연을 제외하고 정시에 완수되었다.
The project was completed on time save for a few minor delays.

1573 개수대 안에 있는 하나를 제외하고 모든 접시들은 깨끗했다.
Save for the one in the sink, all the dishes were clean.

45

since

용법

(01) since + 기준시점 : '~이후로'

주요 콜로케이션

① have long since p.p
   그 이후 오래동안 ~해왔다

② have since p.p
   그 이후 ~해왔다

01 since + 기준시점 : '~이후로'

1574 오후 세 시 이후로 너를 계속 기다리고 있는 중이다.
I've been waiting for you since 3 p.m.

1575 어젯밤 이후로 바뀐 것은 없다.
Nothing has changed since last night.

1576 남자친구를 사귄 이후 다른 사람을 만난 적이 없다.
I have never met another man since my boyfriend.

1577 나는 그 이후 그녀를 못봤다.
I haven't since seen her. = I haven't seen her since.

1578 그는 그 이후 오래 동안 여기서 살았다.
He has long since lived here. = He has long lived here since.

* since 는 뒤에서 절을 받아서 접속사로도 사용 가능.
* since 는 주절에서 완료시제, 완료 진행시제와 어울림.

TOP VOCA PREPOSITION COLLOCATION

전치사 & 콜로케이션

T - W

- through
- throughout
- to
- toward(s)
- under
- underneath
- untill(till)
- up
- upon
- up to
- with
- within
- without

46 through

용법

(01) '관통, 끝에서 끝까지' '통로, 거쳐서'
(02) 통과, 경로
(03) 특정 기간 내에
(04) 특정 장소 혹은 시간의 전역에서 빠뜨림 없이
(05) 거쳐 나와서 완료됨
(06) 수단, 동기
(07) 주요 표현 정리

주요 콜로케이션

① be through with ~와 끝나다
② get through ~를 마치다
③ go through ~를 겪다
④ look through ~를 통해서 보다
⑤ see through ~를 통과해서 보다

01 '관통, 끝에서 끝까지'

1579 나는 그 도시를 통과해 지나갔다.
I passed through the town.

1580 총알이 너의 종아리를 관통했다.
The bullet pierced through your calf.

1581 그는 전혀 움직이지 않고 그 오페라 내내 앉아 있었다.
He sat through the opera without moving at all.

1582 나는 강연 내내 잠을 잤다.
I slept through the whole lecture.

02 '통로, 거쳐서'

1583 그들은 그 정글을 통과해 행진했다.
They marched through the jungle.

1584 현미경을 통해서 보세요.
Look through the microscope.

1585 미래를 예측하지 않는 것은 앞 유리를 통해 보지 않고서 차를 운전하는 것과 같을 것이다.
Not predicting the future would be like driving a car without looking through the windshield.

1586 나는 매일 학교 가는 길에 그 공원을 통과한다.
I walk through the park everyday to school.

1587 나는 그 유리벽을 통해 볼 수 있다.
I can see through the glass wall.

1588 나는 벨트를 조일 수 있도록 많은 구멍을 냈다.
I made several holes through the belt to fasten it.

03 특정 기간 내에

1589 나는 일생동안 그것을 본 적이 없다.
I have never seen it through my life.

1590 일 년 내내 비가 거세게 온다.
It rains hard through the year.

1591 나는 그 전체 소설을, 그 매혹적인 줄거리에 매료되어, 밤새 다 읽을 수 있었다
I managed to read the entire novel through the night, captivated by its compelling story.

through

04 특정 장소 혹은 시간의 전역에서 빠뜨림 없이

1592 나는 그 지역을 두루 여행했다.
I traveled through the area.

1593 나는 월요일부터 금요일까지 하루 8시간 일한다.
I work 8 hours a day from Monday through Friday.

1594 10쪽부터 30쪽까지 빠뜨리지 말고 읽어라.
Read from page 10 through 30.

1595 그는 그 책을 끝까지 읽었다.
He read through the book.

05 거쳐 나와서 완료됨

1596 우리는 3시에 학교가 끝난다.
We are through school at three.

1597 그는 수술을 받을 것이다.
He will go through an operation.

1598 그는 혼자서 대학을 졸업했다.
He went through college on his own.

1599 그 세대들은 전쟁을 겪었다.
Those generations went through war.

1600 5시까지 숙제를 마쳐라.
Get through your homework by five.

06 수단, 동기

1601 그는 부주의를 통해서 오자들(틀린 철자)을 만들어 냈다.
He produced misspellings **through carelessness**.

1602 빅벤의 종소리는 매일 B.B.C.를 통해서 들린다.
Big Ben is heard every day **through the B.B.C.**

1603 가사(家事)는 노동력 절약 기기류의 사용으로 훨씬 쉬워졌다.
Housekeeping is made much easier **through the use of labor-saving devices**.

1604 전 직장 사장을 통해 직업을 얻었다.
I got my job **through my former boss**.

1605 많은 난제들에 직면했음에도 불구하고 그녀는 인내했고 순수한 결단을 통해 그 일을 완수했다.
Despite facing numerous challenges, she persevered and completed the project **through sheer determination**.

through

07 주요 표현 정리

(01) break through : 돌파하다, 돌파구

1606 몇 달 간의 노력 끝에, 과학자들은 마침내 연구에서의 장벽을 돌파했다.
After months of hard work, the scientists finally broke through the barriers in their research.

(02) through the lens : 특정한 시각을 통해서, 렌즈를 통해서

1607 그는 자신의 카메라렌즈를 통해 그 경치의 아름다움을 포착했다.
He captured the beauty of the landscape through the lens of his camera.

(03) sift through : 걸러내다, 샅샅이 뒤지다

1608 그 문서를 샅샅이 뒤져서 필요한 정보를 찾아내는 데 여러 시간이 걸렸다.
It took hours to sift through the documents and find the necessary information.

(04) read through : 끝까지 읽다, 통독하다

1609 계약서에 서명하기 전에 그 조건들을 꼼꼼이 읽어보아야 한다.
Before signing any contract, make sure to read through the terms and conditions.

(05) push through : 끝까지 밀어부치다

1610 어려움에도 불구하고 그들은 그 일을 계속 밀어부쳤다.
Despite the challenges, they kept pushing through the task.

(06) through the years : 수년에 걸쳐서

1611 그들의 우정은 수년을 통해서 계속 튼튼한 상태로 남아 있다.
Their friendship has remained strong through the years.

(07) through the cracks : 틈 사이로

1612 신속하게 대처 되지 않는다면 어떤 문제들은 틈새에 빠져 눈에 보이지 않을 수 있다.
Some issues may fall through the cracks if not addressed promptly.

(08) see through someone : 사람을 제대로 파악하다

1613 정직하지 않게 굴고 있는 사람을 식별하기는 쉽다.
It's easy to see through someone who is not being honest.

47 throughout

용법

(01) throughout + 장소 : '도처에, 구석구석까지'
(02) throughout + 시간 : '내내, 줄곧'

01 throughout + 장소 : '도처에, 구석구석까지'

1614 그의 이름은, 세상 구석구석에서 유명하다.
His name is known throughout the world.

1615 그 범법자에 대한 보상 수배 포스터가 그 기차 구석구석 게시되어있다.
Reward posters for the outlaw are posted throughout the train.

1616 천둥소리가, 그 집 전체에 메아리쳤다.
A loud clap of thunder echoed throughout the house.

02 throughout + 시간 : '내내, 줄곧'

1617 그 소음은 통화 내내 지속되었다.
The noise continued throughout the phone conversation.

1618 언론인으로서의 직업을 통틀어서 나는 이것처럼 흥미있고 믿을 수 없는 것을 보도해 본 적이 없다.
Throughout my entire career as a journalist, I have never reported anything as exciting and incredible as this.

48 to

용법

(01) 방향의 의미
(02) 도착의 의미
(03) 방위
(04) 변화의 방향
(05) 도달의 범위나 정도
(06) 결과나 효과
(07) to one's 감정명사 : '~가 ~하게도'
(08) 시간의 끝, 기준시점
(09) 목적, 적합성
(10) 접촉이나 대면
(11) 비교, 대비
(12) 소속, 부가
(13) 수반, 동반
(14) 행위의 대상, 방향
(15) 결합, 집착
(16) 특정 형용사 뒤에서
(17) 특정 동사 뒤에서

주요 콜로케이션

①	add to ~를 증가시키다	②	adhere to ~를 고수하다	③	adjust to ~에 적응하다
④	amount to ~에 이르다	⑤	apologize to ~에 사과하다	⑥	appeal to ~에 호소하다
⑦	apply to ~에 적용되다	⑧	attend to ~에 주목하다	⑨	belong to ~에 속해있다
⑩	call out to ~에게 소리 지르다	⑪	cling to ~에 붙어있다	⑫	closed to ~에 닫힌, 폐쇄된
⑬	compare to ~에 비교되다	⑭	conform to ~에 순응하다	⑮	contribute to ~에 기여하다

to

⑯	correspond to ~에 일치하다	⑰	get to ~에 당도하다	⑱	happen to ~에게 일어나다		
⑲	look to ~쪽을 쳐다보다	⑳	object to ~에 반대하다	㉑	refer to ~에 대해 언급하다		
㉒	resort to ~에 호소하다	㉓	respond to ~에 반응하다	㉔	stick to ~에 붙어있다		
㉕	subscribe to ~를 구독하다	㉖	succeed to ~를 계승하다	㉗	swear to ~에 맹세하다		
㊺	turn to ~에 의지하다, ~로 돌다	㊻	yield to ~에 양보하다				

01 방향의 의미

1619 두 번째 모퉁이에서 우측으로 회전하세요.
Turn to the right at the second corner.

1620 나에게 그것을 주시오.
Give it to me.

1621 정원으로 들어가는 입구가 없다.
There is no entrance to the garden.

1622 그 집으로 들어가는 문은 매우 크다.
The door to the house is very great.

1623 나는 그 연주회에 들어가는 두 장의 공짜 표가 있다.
I got two free tickets to the concert.

1624 달로 가는 표가 한 장 필요해.
I need a ticket to the moon.

1625 이 기차는 부산 쪽으로 가나요?
Does this train go to Busan?

1626 그것은 나에게는 매우 잔인해 보인다.
It seems to me to be so cruel.

1627 그것이 나에게 다시 일어나지 않도록 해주세요.
Don't let it happen to me again.

1628 그들이 쌍둥이였다는 사실이 내게 떠올랐다.
It occurred to me that they were twins.

1629 그것은 나에게 문제가 되지 않는다.
It does not matter to me.

1630 나를 동물원으로 데려가 주세요
Please, take me to the zoo.

02 도착의 의미

1631 공항으로 어떻게 가지요?
How can I get to the airport?

1632 그는 마침내 왕위에 올랐다.
He finally ascended to the throne.

1633 나는 스코틀랜드에 갔었다.
I have been to Scotland.

1634 그는 한국으로 가버렸다.
He has gone to Korea.

to

03 방위

1635 그들의 집은 공원 북쪽에 있다.
Their house is to the north of the park.

1636 그 도서관은 학교건물의 좌측에 있다.
The library is to the left of the school building.

1637 그녀의 사무실은 정문의 우측에 있다.
Her office is to the right of the main entrance.

1638 그 빵집은 식료품 가게의 동쪽에 있다.
The bakery is to the east of the grocery store.

1639 그 해변은 그 호텔의 남쪽에 있다.
The beach is to the south of the hotel.

1640 그 우체국은 기차역의 서쪽에 있다.
The post office is to the west of the train station.

04 변화의 방향

1641 그들은 부귀와 영화를 누리게 되었다.
They rose to wealth and honor.

1642 그는 일어나서 차려 자세를 취했다.
He stood to attention.

1643 그녀는 대표이사의 자리까지 가고 싶어서 그것을 얻으려 부지런히 일했다.
She aspired to the position of CEO and worked diligently to achieve it.

1644 그들은 지식과 계몽을 추구하는 쪽으로 삶을 바쳤다.
They dedicated their lives to the pursuit of knowledge and enlightenment.

1645 그 운동선수는 신체능력의 정점을 될 때까지 혹독히 훈련했다.
The athlete trained rigorously to the peak of physical fitness.

1646 그는 도전에 맞서서 예외적 지도력을 보여주었다.
He rose to the challenge, demonstrating exceptional leadership skills.

05 도달의 범위나 정도

1647 나는 살갗까지 완전히 젖었다.
I am all wet to skin.

1648 그것은 내가 아는 범위 내에서 사실이다.
It is true to the best of my knowledge.

1649 그들은 최후의 일인까지 적들을 죽였다.
They murdered the enemies to the last man.

1650 나는 최후의 한 푼까지 다 썼다.
I spent my money to the last penny.

1651 이 시계는 초까지 맞는다.
This watch keeps time to the second.

1652 그는 완전한(인치 단위까지) 한국인이다.
He is a Korean to an inch.

06 결과나 효과

1653 그는 과음으로 사망했다.
He over-drank himself to death.

1654 그는 얼어서 죽었다.
He was frozen to death.

1655 그 종이는 찢겨서 조각났다.
The paper was torn to pieces.

1656 그 여자는 애쓰고 투쟁하지만, 그 결과는 헛된 것이다.
She struggles and fights to no purpose.

1657 그 열차는 정지했다.
The train came to a stop.

to

1658 그 전쟁은 끝났다.
The war came **to an end**.

1659 흡연은 암으로 이어진다.
Smoking leads **to cancer**.

1660 그들은 굶어서 영양실조였다.
They starved **to malnutrition**.

07 to one's 감정명사 : '~가 ~하게도'

1661 내가 놀랍게도 그녀는 살아 돌아왔다.
To my surprise, she came back alive.

1662 그들이 당황하게도 그 마감시간은 예상밖으로 앞당겨졌다.
To their dismay, the project deadline was unexpectedly moved up.

1663 그녀가 당황하게도 그녀의 연설은 작지만 즐거운 실수를 담고 있다는 것을 깨달았다.
To her embarrassment, she realized her speech had a small but amusing mistake.

1664 그가 분하게도 그는 그 지시사항을 오해했었다는 것을 깨달았다.
To his chagrin, he realized he had misunderstood the instructions.

1665 그들이 만족스럽게도 그 고객들은 최종 결과에 기뻐했다.
To their satisfaction, the clients were pleased with the final product.

1666 그녀가 놀랍게도, 그 오래된 책은 귀중한 수집가의 품목인 것으로 판명되었다.
To her astonishment, the old book turned out to be a valuable collector's item.

① to one's relief	안심되게도
② to one's disappointment	실망스럽게도
③ to one's regret	유감스럽게도

④ to one's sorrow	슬프게도
⑤ to one's agony	고통스럽게도
⑥ to one's fury	분노스럽게도
⑦ to one's joy	즐겁게도

08 시간의 끝, 기준시점

1667 9월 말까지 머물겠습니다.
I will stay to(=till) the end of September.

1668 4시 10분 전입니다.
It's ten to four.

09 목적, 적합성

1669 그는 나를 구하기 위해 왔다.
He came to my rescue.

1670 우리는 만찬을 위해 착석했다.
We sat down to dinner.

1671 당신에게 건배.
Here is to you.

1672 이것은 내 취향이 아니다.
This is not to my taste.

1673 요점을 이야기하라.
Come to the point.

to

10 접촉이나 대면

1674 서로 보고 논의해 보자.
Let's talk about it **face to face**.

1675 교통이 앞뒤가 꽉 막혔다.
The traffic is **bumper to bumper**.

1676 최후에는 백병전을 해야 한다.
At final stage, you'll have to fight **hand to hand**.

1677 그 시계는 실물 크기로 그려졌다.
The watch is drawn **to life**.

1678 그것은 실물 크기다.
Its size is true **to life**.

1679 나는 마침내 짜릿하며 실제 같기도 한 이야기 하나를 발견했다.
I finally found a story that is both thrilling and true **to life**.

1680 우리는 흉금을 터놓고 이야기했다.
We talked **heart to heart**.

11 비교, 대비

1681 그들은 2대 3으로 졌다.
They were defeated by **two to three**.

1682 나는 10대 1로 수에서 능가 당하고 있다.
I am outnumbered by **ten to one**.

1683 우리는 그 게임을 7대 4의 점수로 이겼다.
We won the game with a score of **7 to 4**.

1684 나는 그것을 감당하지 못한다.
I am not equal to it.

1685 그것은 18세기의 팬털룬즈(남성용 스키니 바지)와 같은 것이다.
It is an equivalent to the 18th century pantaloons.

12 소속, 부가

1686 5에 3을 더하시오.
Add three to five.

1687 그것은 나에게 속해있다.
It belongs to me.

1688 이 방의 열쇠(이 방에 속한 열쇠)는 어디에 있냐?
Where is the key to this room?

1689 그 문제에 대한 답은 다음 페이지에 나온다.
The answer to the question appears on the next page.

13 수반, 동반

1690 나는 그 음악에 맞추어 춤을 추었다.
I danced to the music.

1691 그녀는 좋아하는 노래의 멜로디에 맞춰 불렀다.
She sang to the melody of her favorite song.

1692 그들은 내리는 비의 리듬에 맞춰 걸었다.
They walked to the rhythm of the falling rain.

1693 그는 배경에서 클래식 음악이 흘러나오는 소리에 맞춰 요리했다.
He cooked to the sound of classical music playing in the background.

1694 그 화가는 자신 앞에 펼쳐진 멋진 풍경에서 영감을 받아 그림을 그렸다.
The artist painted to the inspiration of the stunning landscape before him.

1695 학생들은 시간과 경쟁하듯 시계의 째깍거리는 소리에 맞춰 공부했다.
The students studied to the ticking of the clock, racing against time.

1696 군중은 그들 팀의 승리에 기뻐하며 환호했다.
The crowd cheered to the victory of their team, filled with joy.

to

1697 그들은 모험을 즐기며 바람의 방향으로 항해했다.
They sailed to the direction of the wind, embracing the adventure.

1698 아기는 어머니가 부른 부드러운 자장가에 맞춰 잠이 들었다.
The baby fell asleep to the gentle lullabies sung by her mother.

1699 그는 일관되게 유지하며 자신의 러닝 앱이 설정한 속도에 맞춰 조깅했다.
He jogged to the pace set by his running app, keeping consistent.

1700 가족은 그녀의 졸업 소식에 맞추어 자랑스럽고 흥분된 상태로, 축하했다.
The family celebrated to the news of her graduation, proud and excited.

14 행위의 대상, 방향

1701 그에게 건배
A toast to him.

1702 나는 그 이야기를 경청했다.
I listened to the story.

1703 그는 그 방을 독차지하고 있다.
He keeps the room to himself.

1704 당신은 그 계획에 대해 어떻게 생각하는가?
What do you say to the plan?

1705 나는 그 진실에 눈을 감았다.
I shut my eyes to the truth.

1706 그 교량은 수리 중이고 교통에 폐쇄되어있다.
The bridge is under repair and closed to traffic.

1707 그 게임은 비전문가에게도 공개되어 있다.
The game is open to amateurs as well.

1708 나는 당신의 제안에 이의가 없습니다.
I have no objection to your proposal.

1709 그는 내가 하는 말에 많은 주의를 기울였다.
He paid much attention to what I said.

1710 그는 그 전쟁에서 목숨을 희생한 장병들에게 깊은 존경을 표했다.
He paid deep respect to the soldiers who sacrificed their lives in the war.

1711 오늘 오후에 나를 방문해 주시겠습니까?
Will you pay a visit to me this afternoon?

1712 나는 외국인과 결혼한 상태이다.
I am married to a foreigner.

1713 그녀는 그것을 그리는 법을 배우는 데에 헌신했다.
She devoted herself to learning how to paint it.

1714 당신은 나의 제안에 동조하십니까?
Will you agree to my suggestion?

1715 모든 여객차량들은 응급차들에게 길을 내주어야 한다.
All passenger vehicles should give way to ambulances.

15 결합, 집착

1716 그것을 벽에다 고정시키시오.
Fasten it to the wall.

1717 그를 그 나무 밑둥에 묶어라.
Tie him to the tree trunk.

1718 그것을 봉투에 붙여라.
Attach it to the envelope.

1719 그는 그 여자에게 깊은 애착이 있다.
He is deeply attached to her.

1720 나는 그 로프에 붙어 있으려고 애썼다.
I tried to stick to the rope.

1721 그는 최초의 계획에 집착했다.
He adhered to the original plan.

1722 우리는 뺨을 맞대고 춤을 추었다.
We danced cheek to cheek.

to

16 특정 형용사 뒤에서

(01) familiar to + 인식의 주체 : '~에 친숙한'

1723 그의 얼굴은 우리에게 낯익어 보였다.
His face looks familiar to us.

1724 대부분, 우리는 우리와 친숙한 것들을 좋아한다.
For the most part, we like things that are familiar to us.

(02) closed to : '~에 닫힌, 폐쇄된'

1725 그 거리는 당분간 사람들에게 폐쇄되어 있다.
The street is closed to people for the time being.

1726 기증자라는 신분을 이용하여 나는 지난 4년간 기증자가 아니었다면 나에게는 열리지 않을 문을 열기 위해 그 시스템을 기만해왔다.
By means of a donor, I have cheated the system for the last four years to open doors that would otherwise be closed to me.

(03) open to : '~에 개방된, 열린'

1727 나는 사람들의 목소리에 귀를 열어놓으려고 애썼다.
I tried to stay open to the voices of people.

(04) important to : '~에 중요한'

1728 이것은 당신의 건강에 중요하다.
This is important to your health.

1729 이건 글로벌경제에 엄청나게 중요하다.
This is incredibly important to the global economy.

1730 내 인생 그 시점에 나에게 야구보다 더 중요한 것은 없었다.
At that moment in my life, nothing was more important to me than baseball.

(05) equal to : '~에 동등한'

1731 나는 침대 하나를 차지하는 비용과 동일한 양을 지불하겠습니다.
I will pay the amount which is equal to the cost of occupying one bed.

1732 전체 생산성장률은 노동력 생산성의 성장률에 근무시간의 성장률을 더한 것과 같다.
The growth rate of total output is equal to the growth rate in the number of hours worked plus the growth rate of labor productivity.

(06) good to : '~에 잘해주는'

1733 당신은 나에게 매우 잘해 주었어요.
You were so good to me.

(07) kind to : '~에 친절한'

1734 그는 그 사람들에게 매우 친절하게 대했지요.
He was so kind to the people.

(08) cruel to : '~에 잔인한'

1735 동물들에게 잔인하게 굴지 마세요.
Don't be so cruel to animals.

(09) generous to : '~에 관대한'

1736 환자들과 궁핍한 자들에게 관대해지는 법을 배워라.
Learn how to be generous to the sick and needy.

(10) equivalent to : '~에 동등한'

1737 나는 당신에게 정상급료의 세 배에 해당하는 특별수당을 제안합니다.
Let me offer you a special bonus which is 3 times the normal pay.

to

(11) vulnerable to : '~에 취약한'

1738 그것은 습도에 취약하다.
It is vulnerable to humidity.

(12) due to : '~에 기인하여'

1739 이 사건은 증거 부족으로 기각됩니다.
This case is dismissed, due to lack of evidence.

(13) essential to : '~에 필수적인'

1740 그는 기술있는 조종사이며 우리의 전쟁 수행에 필수적이다.
He is a skilled pilot and essential to our war effort.

(14) vital to : '~에 중요한'

1741 그는 우리팀에 중요하다.
He is vital to our team.

(15) subject to : '~에 지배받는, ~에 쉽게 영향받는'

1742 그들은 기근의 피해를 받기 쉽다.
They are subject / prone to starvation.

1743 당신같은 병사는 군사 법정에 회부된다.
A soldier like you is subject to court martial.

(16) similar to : '~과 유사한'

1744 너의 경험은 나의 것과 유사하다.
Your experience is similar to mine.

17 특정 동사 뒤에서

(01) add to : '증가시키다'

1745 그 좋은 날씨는 우리의 즐거움을 더해 주었다.
The fine day **added to** our pleasure.

(02) adhere to : '고수하다'

1746 우리는 다른 사람이 위험에 처해 있는 경우가 아닌 한 비폭력의 맹세를 고수한다.
We **adhere to** a vow of non violence unless someone else is in danger.

(03) adjust to : '적응하다'

1747 앨렉스는 그 환경에 금방 적응했다.
Alex has **adjusted to** the environment quickly.

(04) amount to : '~에 이르다'

1748 당신은 내가 아무것도 못될 것이라고 말했지요. 이제 절 보세요.
You said I'd never **amount to** anything. Look at me.

1749 총액은 100달러에 달한다.
The total **amounts to** 100 dollars.

(05) appeal to : '~에 호소하다'

1750 안목없는 하류 고객들에게만 호소하는 싸구려 번지르르한 제품으로 가득한 점포들만 있다.
There are just a bunch of stores filled with cheap and gaudy merchandise which only **appeals to** the tasteless, low-class shoppers.

(06) apply to : '~에 적용되다'

1751 그 규칙들은 모두에게 적용됩니다.
The rules **apply to** everyone.

to

(07) apologize to : '~에 사과하다'

1752 나는 당신에게 사과합니다.
I apologize to you.

(08) attend to : '~에 주목하다'

1753 나는 당신이 주목해야 할 긴급한 문제가 있어요.
I have an urgent matter for you to attend to.

(09) belong to : '~에 속해있다'

1754 그것은 모든 사람에게 속해있어요.
It belongs to everybody.

(10) call out to : '~에게 소리 지르다'

1755 그는 너를 부를 기회가 없었다.
He had no chance to call out to you.

(11) cling to : '~에 붙어있다'

1756 당신이 할 수 있는 모든 것은 내가 놓아줄 때까지 나에게 붙어있는 것이다.
All you can do is to cling to me until I let you free.

(12) compare to : '~에 비교되다'

1757 당신에게 견줄 수 있는 것은 없다.
Nothing compares to you.

(13) conform to : '~에 순응하다'

1758 당신은 우리가 제공하는 신분에 순응해야 하고, 우리가 말하는 곳에서 먹고, 자야 합니다.
You have to conform to the identity we give you, eat where we tell you, and live where we tell you.

(14) contribute to : '~에 기여하다'

1759 나는 내가 그 연구에 기여할 수도 있다고 생각한다.
I think I could contribute to the search.

(15) correspond to : '~에 일치하다'

1760 비록 특정 부분들이 그 정체와 맞지 않지만, 그것은 평범한 사마귀와 일치합니다.
Although certain components resist identification, it corresponds to an ordinary praying mantis.

(16) get to : '~에 당도하다'

1761 어떻게 해야 당신의 마음을 얻을 수 있나요?
How can I get to your heart?

(17) happen to : '~에게 일어나다'

1762 어떻게 그것이 당신에게 그토록 자주 일어나지요?
How does it happen to you so often?

1763 7세부터 12세까지의 어린이들은, 부상들 또는 사고들처럼, 그들에게 일어날지도 모르는 실제 상황들을 자주 두려워한다.
Kids aged 7 through 12 often fear real situations that may happen to them, such as injuries or accidents.

(18) look to : '~쪽을 쳐다보다, 의지하다'

1764 도움이 필요할 때는 언제나 나에게 의지하세요.
Whenever you need help, look to me.

(19) object to : '~에 이의를 가지다'

1765 나는 그 제안에 이의가 있습니다.
I object to the proposal.

to

(20) refer to : '~에 대해 언급하다'

1766 당신은 나를 언급하는 것이라고 믿습니다.
I believe you are referring to me.

(21) resort to : '~에 호소하다'

1767 법보다 힘에 의존하는 것이 더 쉽다.
It is easier to resort to power than to law.

(22) respond to : '~에 반응하다'

1768 당신은 그와 같은 것에 어떻게 반응하십니까?
How do you respond to something like that?

(23) stick to : '~에 붙어있다'

1769 당신의 위치를 고수하십시오.
Stick to your position.

(24) subscribe to : '구독하다, ~에 서명하다'

1770 나는 어떤 신문도 구독하지 않습니다.
I don't subscribe to any newspaper.

1771 나는 그 법안에 서명할 수 없습니다.
I can't subscribe to the bill.

(25) succeed to : '~를 계승하다'

1772 그는 그 다음 해, Richard Nixon 의 사임후, 대통령직을 승계했다.
He succeeded to the presidency upon the resignation of Richard Nixon the next year.

(26) swear to : '~에 맹세하다'

1773 예수님께 맹세코 너를 쏘아 죽일 것이다.
I swear to Christ I'll shoot you.

(27) yield to : '~에 양보하다'

1774 당신이 전문가에게 양보해야 한다고 제안해도 되나요?
May I suggest you should yield to the expert?

(28) turn to : '~에게 의지하다, 쪽으로 방향을 틀다'

1775 그는 마침내 신앙에 의지했다.
He finally turned to religion.

49

toward(s)

용법

(01) 운동의 방향 : '~쪽으로, 향하여'
(02) 위치상의 방향
(03) 행위나 감정의 목적물
(04) 시간상의 접근

01 운동의 방향 : '~쪽으로, 향하여'

1776 그는 강 쪽으로 움직였다.
He moved toward the river.

1777 나는 떠나려고 문 쪽으로 걸었다.
I walked toward the door to leave.

1778 Carol은 Michael을 문 쪽으로 잡아끌었다.
Carol pulled Michael toward the door.

1779 그들은 그 소리 쪽으로 뛰고 있다.
They are running toward the sound.

1780 손 하나가 들어와서 동작 스위치 쪽으로 향했다.
A hand reached in towards the ON switch.

1781 그 바텐더는, 내가 싸구려 와인 한잔을 홀짝거리며 앉아 있던 바의 끝 쪽을 향해, 동정의 눈길을 던졌다.
The bartender cast a sympathetic glimpse toward the end of the bar where I was sitting sipping a glass of cheap wine.

02 위치상의 방향

1782 북쪽을 향해 있는 산들을 보아라.
Look at the hills toward the north.

1783 그는 창문 쪽을 향한 의자에 앉았다.
He sat on a chair toward the window.

03 행위나 감정의 목적물

1784 그는 자기의 계모에 대한 특별한 잔인함을 보여주었다.
He showed unusual cruelty toward his stepmother.

1785 그는 그녀를 향한 나의 주목을 촉구했다.
He urged my attention toward her.

1786 나는 머리를 밀고 다니는 사람들에게 불쾌감을 느낀다.
I am unhappy toward the skin headed.

1787 그 문제에 대한 너의 태도는 다소 놀랍다.
Your attitude toward the matter is somewhat stunning.

04 시간상의 접근

1788 자정에 가까워지자 나는 초조해하고 있었다.
I was getting nervous toward the midnight.

1789 우리 결혼 생활의 끝을 향해 가면서, 나는 실제로 그녀가 했던 것보다 더 많은 집안일을 하고 있었다.
Towards the end of our marriage, I was doing lots of house chores actually more than she did.

50 under

용법

(01) 장소, 숫자 등의 위치상 아래에, 미만에
(02) 표면 이하에
(03) 영향력 아래서
(04) 수단에 의거하여
(05) 주요 표현 정리

주요 콜로케이션

① live under a rock
   숨어서 살다

01 장소, 숫자 등의 위치상 아래에, 미만에

1790 그 나무 아래에는 몇 개의 벤치가 있다.
There are several benches under the tree.

1791 우리는 달 아래서 춤을 추었다.
We danced under the moon.

1792 50인 이하가 모였다.
Under fifty people assembled.

1793 12세 미만의 아이들은 부모와 동행해야 합니다.
Children under 12 should be accompanied by parents.

02 표면 이하에

1794 그는 땅속에 그 보물을 숨겼다.
He hid the treasure under the ground.

1795 그들은 내 피부 아래에 어떤 칩을 심으려 했다.
They tried to put some chip under my skin.

1796 나는 내 논이 물 아래 잠긴 것을 보고 너무 슬펐다.
I was so saddened to see my rice field under water.

03 영향력 아래서

1797 나는 슬픔의 그 큰 부담 아래에서 죽고 싶었다.
I wanted to die under the great burden of sorrow.

1798 그는 야음을 틈타 탈출했다.
He escaped under the cover of night.

1799 그녀는 압력을 받아서 그 제안을 수락했다.
She accepted the offer under pressure.

1800 그들은 Baker 박사의 지휘하에서 그 연구를 했다.
They did the research under Dr. Baker.

1801 그는 맹세하에 그 증거를 제시했다.
He gave the evidence under oath.

1802 그는 불리한 상황아래서 싸웠다.
He fought under an adverse condition.

under

04 수단에 의거하여

1803 이것은 사형으로 금지되어 있다.
This is forbidden under death penalty.

1804 당신은 43조항에 의해 체포됩니다.
You are under arrest under article 43.

1805 나는 술의 영향력 아래서 고백했다.
I confessed under the influence of alcohol.

1806 그들은 가짜 이름들 하에서 그 차들을 빌렸다.
They rented the cars under false names.

① under cover	엄호를 받고, 숨어서
② under siege	공격, 비난을 받고 있는
③ under fire	공격, 비난을 받고 있는
④ under the name of	~의 이름하에
⑤ under the condition that	절 ~라는 조건 하에서
⑥ under no circumstances	그 어떤 상황 하에서도 ~아니다

05 주요 표현 정리

(01) under the weather : 몸이 안 좋은

1807 나는 약간 몸이 안 좋아서 하루 쉬어야 할 듯 하다.
I'm feeling a bit under the weather, so I might take a day off.

(02) under control : 통제되고 있는

1808 상황은 통제되고 있고 걱정할 필요는 없다.
The situation is now under control, and there's no need to worry.

(03) under pressure : 압박받고 있는

1809 그녀는 압박하에서도 그 증언을 성공적으로 수행했다.
She successfully testified under pressure.

(04) under the radar : 감시에서 사라진, 눈에 띄지 않는

1810 그 이슈는 그것이 중요한 문제가 될 때까지는 눈에 띄지 않았다.
The issue flew under the radar until it became a significant problem.

(05) under the table : 테이블 아래에서, 은밀히

1811 어떤 거래들은 공식적 채널을 떠나 물밑에서 이루어지기도 한다.
Some deals are made under the table, away from official channels.

(06) under consideration : 고려 중인

1812 당신의 제안은 현재 고려 중이고 곧 당신에게 알려줄 것이다.
Your proposal is currently under consideration, and we will get back to you soon.

under

(07) under construction : 건설 중인

1813 그 건물은 현재 지어지고 있는 중이고 내년에 완공될 것이다.
The building is currently under construction and will be completed next year.

(08) under review : 검토 중인

1814 그 정책은 그 효과를 평가하기 위해 검토중이다.
The policy is under review to assess its effectiveness.

(09) under the impression : 어떤 인상을 받고 있는

1815 나는 그 모임이 내일로 계획되었다는 인상을 받았다.
I was under the impression that the meeting was scheduled for tomorrow.

(10) under the circumstances : 상황을 고려할 때

1816 그 상황하에서 나는 우리가 할 수 있는 최고의 결정을 했던 것으로 생각한다.
Under the circumstances, I think we made the best decision we could.

(11) under one's belt : 경력하에

1817 그는 자신의 여러 눈부신 업적들을 자신의 허리띠에 꿰차고 있다.
He has several successful achievements under his belt.

(12) under oath : 선서하에

1818 법정에서 증인들은 선서하에 증언하도록 요구받습니다.
Witnesses in court are required to testify under oath.

(13) under fire : 공격받고 있는

1819 그 정치인은 그의 논란이 많은 발언들로 비난을 받았다.
The politician came under fire for his controversial statements.

(14) under a microscope : 자세히 관찰당하는

1820 그 연구결과들은 심층조사를 위해 현미경 아래 놓여있다.
The research findings are now **under a microscope** for further scrutiny.

(15) under arrest : 체포당한

1821 용의자는 심문을 위해 체포당했다.
The suspect was placed **under arrest** for questioning.

(16) under the sun : 태양 아래, 온 세상에서

1822 그들은 긴 대화 동안 태양 아래 모든 것들에 대해 논의했다.
They discussed everything **under the sun** during their long conversation.

(17) under one's wing : 날개깃 아래, 보호 하에, 휘하에

1823 멘토로서 나는 그녀의 경력을 도와주기 위해 그녀를 내 휘하에 두었다.
As a mentor, I took her **under my wing** to guide her in her career.

(18) under the hood : 덮개 아래

1824 정비사는 차의 문제를 진단하기 위해 뚜껑 아래를 보아야 한다.
Mechanics need to look **under the hood** to diagnose the car's issue.

(19) under new management : 새로운 경영하에

1825 그 식당은 현재 새로운 경영하에 있으며 흥미로운 변화들이 예상된다.
The restaurant is now **under new management**, with exciting changes expected.

(20) live under a rock : 숨어서 살다

1826 당신은 바위 아래서 숨어 살았는가? 어떻게 그런 큰 소식을 듣지 못했는가?
Did you **live under a rock**? How did you not hear about that big news?

underneath

용법
(01) ~의 바로 밑에

01 ~의 바로 밑에

1827 열쇠들은 탁자의 신문 바로 밑에 있었다.
The keys were underneath the newspaper on the table.

1828 그녀는 그녀의 잃어버린 귀걸이 한쪽을 침대 아래서 발견했다.
She found her lost earring underneath the bed.

1829 그 고양이는 소파 아래서 숨는 것을 좋아한다.
The cat likes to hide underneath the couch.

1830 그 보물상자는 오래된 참나무 아래에 묻혀 있었다.
The treasure chest was buried underneath the old oak tree.

1831 그 집의 기반은 땅 아래서 만들어졌다.
The foundation of the house was built underneath the ground.

52

untill(till)

용법

(01) '동작이나 상태가 지속되어서 ~까지'

01 '동작이나 상태가 지속되어서 ~까지'

1832 두 시까지 기다려라.
Wait until two o'clock.

1833 어제가 되어서야 비로소 나는 그것에 주목했다.
It was not until yesterday that I noticed it.

1834 해가 뜰 때까지는 여기에 있는 것이 좋겠다.
We'd better stay here until sunrise.

1835 우리는 그때까지 그것을 붙들고 있을 것이다.
We will hold out on to it until then.

1836 3일 전까지는 나는 그로부터 소식을 듣지 못했다.
Not until 3 days ago, did I hear from him.

* until 은 뒤에서 절을 받아서 접속사로도 사용 가능.

* 주절의 동사가 일회성, 완료성일 경우 by, 계속성일 경우 until을 사용함에 주의.

untill

①	it is not until A that B	A하고 난 다음에서야 비로소 B하다
②	until the present time	현재까지
③	until today	오늘까지
④	until now	지금까지

53

up

용법

(01) 위쪽으로 (물리적 운동성을 나타냄)
(02) 정신적 조건의 상승
(03) 힘, 가치 등의 증대, 성장
(04) 종결, 완성
(05) 끝까지 접근
(06) 분쇄, 해체
(07) 강화, 철저함
(08) 주요 동사구에서 사용
(09) 주요 표현 정리

주요 콜로케이션

#	표현	#	표현	#	표현
①	back up 지지하다, 물러나다	②	be up to ~에 달려 있다	③	build up 더 늘어나다
④	call up 전화하다	⑤	catch up with ~를 따라잡다	⑥	check up 살펴보다
⑦	cheer up 격려하다	⑧	count up ~을 세다	⑨	dress up 갖추어 입다
⑩	fill up 가득 채우다	⑪	fix up with 정해주다	⑫	get up 일어나다
⑬	hurry up 서두르다	⑭	keep up 유지하다	⑮	keep up with 보조를 맞추다
⑯	let up 늦추다, 진정시키다	⑰	lift up 들어올리다	⑱	look up 찾아보다
⑲	make up 화해, 차지, 화장, 지어내다	⑳	open up 열어 젖히다	㉑	pin up 벽에 고정시키다

up

㉒	pop up 튀어나오다	㉓	put up 숙박하다	㉔	put up with 견디다
㉕	save up 저축하다	㉖	send up 올려보내다	㉗	settle up 청산하다
㉘	show up 모습을 드러내다	㉙	sit up 밤새 깨어있다, 단정히 앉다	㉚	stir up 휘젓다
㉛	store up 저장하다	㉜	sum up 합산하다	㉝	take up 차지하다, 집어 올리다, 체포하다
㊼	turn up 나타나다, 뒤지다	㊽	warm up 준비 운동하다	㉞	work up 만들어 내다

01 위쪽으로 (물리적 운동성을 나타냄)

1837 그는 꾸준히 사회적 사다리(지위)위로 올라갔다.
He **went** steadily **up** the social ladder.

1838 그는 그 나무를 기어 올라갔다.
He **climbed** up the tree.

1839 이 거리를, 두 건물구획들까지 걸어 올라가세요.
Walk up the street for two blocks.

1840 그 새는 하늘로 날아올랐다.
The bird **flew** up into the sky.

1841 정상에 오른 것은 내려오기 마련이다.
What **goes** up must come down.

1842 나는 그 텐트를 세우는 법을 안다.
I know how to **put** up the tent.

1843 그들은 꼭두각시(괴뢰) 정권을 세웠다.
They **set** up a puppet regime.

1844 새싹들이 올라오고 있다.
New buds are **coming** up.

1845 나는 먹었던 것을 올렸다(토했다).
I **threw** up what I had eaten.

1846 우리는 여기 위에서 더 나은 전망을 확보할 수 있다.
We can have a better view **up** here.

02 정신적 조건의 상승

1847 그의 얼굴은 기쁨으로 달아올랐다.
His face **lit** up with joy.

1848 그는 내가 우울할 때 항상 나를 격려한다.
He always **brings** me up when I am down.

1849 그는 내 인생을 밝혀준다.
He **lights** up my life.

03 힘, 가치 등의 증대, 성장

1850 소리를 키우지 마세요.
Don't **turn** up the volume.

1851 그는 자기 분야에서 출세하고 있다.
He is **rising** up in his field.

1852 그는 시골에서 성장했다.
He **grew** up in the countryside.

1853 아이를 잘 키우는 것이 제일 중요한 일이다.
To **bring** up your child well is the most important thing.

up

04 종결, 완성

1854 비는 곧 그칠 것이다.
The rain will let up soon.

1855 그는 담배를 끊기로 결심했다.
He has resolved to give up smoking.

1856 음식을 남기지 말아주세요.
Will you please eat up the food?

1857 나에게 빚진 것을 다 갚을 수 있습니까?
Can you pay up what you owe me?

1858 우리는 연료를 다 써버렸다.
We have used up all the fuel.

1859 시간이 다 되었다.
Time is up.

1860 너는 끝장이다.
It's all up with you.

1861 그 회의는 아무런 결론을 내지 못하고 끝났다.
The conference broke up without any result.

05 끝까지 접근

1862 그는 나에게 다가와 인사를 했다.
He came up to me and said hello.

1863 완전히 낯선 사람이 걸어와서 도움을 요청했다.
A total stranger walked up and asked for help.

1864 그 축구선수는 그 심판에게로 뛰어가서 항의성 호소를 했다.
The soccer player ran up to the referee to make an appeal.

06 분쇄, 해체

1865 당신이 협조하지 않으면 당신의 머리를 박살내겠다.
I will **blow** up your head if you don't cooperate.

1866 굽기 좋게 고기를 잘라주세요.
Please **cut** up the meat for roasting.

1867 그는 들어가기 위해 문을 부수었다.
He **broke** up the door to get in.

07 강화, 철저함

1868 벨트를 단단히 매라. 우리는 빠르게 하강할 것이다.
Buckle up. We are going down rapidly.

1869 연기가 들어오지 못하게 창문과 문을 완전히 봉쇄하라.
Seal up the windows and doors lest the smoke come in.

1870 신발을 단단히 동여매라.
Tie up your shoes.

1871 그 장면은 그의 말을 잃게 했다.
The scene **tied** up his tongue.

1872 잘 들어라! 이것이 마지막 발표다.
Listen up! This is the last announcement.

1873 그 유리잔을 자국 하나 없을 때까지 철저히 닦아라.
Clean up the glass until there is not a mark on it.

1874 매끼 식사가 끝난 후 조리 그릇과 수저를 철저히 닦아라.
Wash up the pans and eating utensils after each meal.

up

08 주요 동사구에서 사용

(01) keep up : '유지하다'

1875 당신이 이 속도를 유지하면, 그를 따라잡을 수 있을 것이다.
If you keep up this speed, you can catch up with him.

(02) put up with : '견디다'

1876 당신의 무례를 더 참아줄 수가 없다.
I just can't put up with your rudeness any more.

1877 그 냄새를 견디는 것은 정말 힘들다.
It is hard to put up with the smell.

(03) store up : '저장하다'

1878 우리는 더 많은 땔감을 저장해야 한다.
We have to store up more fire wood.

(04) save up : '저축하다'

1879 불행을 대비할 충분한 돈을 저축해라.
Save up enough money to prepare for the rainy days.

(05) fill up : '가득 채우다'

1880 긴 여행을 위해 탱크를 가득 채우는 것이 좋겠다.
You'd better fill up the tank for the long journey.

1881 깨끗한 종이 한 장이 당신 앞에 놓여 있고, 당신은 그걸 채워야 합니다.
A clean sheet of paper is lying in front of you, and you have to fill it up.

(06) what's up : '무슨 일 있어?'

1882 안녕하신가? 좋은 일이 많은가? 무슨 일이 있는가?
What's up?

(07) fix + 명사 + up with : '~를 가지고 새롭게 해주다'

1883 내가 당신을 새로운 남자친구로 치료해 주겠다.
I am going to fix you up with a new boy friend.

(08) show up : '모습을 드러내다'

1884 그는 그 파티에 나타나지 않았다.
He didn't show up at the party.

(09) dress up : '갖추어 입다'

1885 그 모임을 위해 제대로 갖추어 입어야 하나요?
Do we have to dress up for the gathering?

1886 나는 산타클로스처럼 갖춰 입고 가난한 이웃들을 찾아가 어느 집 문이나 두드릴 것이다.
I would dress up like Santa Claus, go to the poorest neighborhoods, and knock on any door.

(10) turn up : '나타나다, 뒤지다'

1887 그는 늦어도 6시까지는 나타날 것입니다.
He will turn up by no later than 6.

(11) count up : '~을 세다'

1888 그 아이는 천까지 셀 수 있다.
The child can count up to one thousand.

(12) up to date : '최근의'

1889 그 정보는 최근의 것이다.
The information is up to date.

(13) be up to : '~에 달려 있다'

1890 무엇을 할 것인가 결정하는 것은, 모두 너에게 달려 있다.
It is all up to you to decide what to do.

up

(14) hurry up : '서두르다'

1891 우리는 서두르는 것이 좋겠다.
We'd better hurry up.

1892 인내심은 분명히 중요한 덕목이지만, 매우 많은 사람들이 "서둘러!"라고 생각하며 그들의 전자 오븐 앞에 선다.
Patience is clearly an important virtue, yet so many people stand in front of their microwaves thinking "Hurry up!"

(15) look up : '사전 등에서 찾아 보다'

1893 그 용법에 확신이 서지 않으면, 단어 특히 동사는 사전에서 뒤져 보는 것이 좋은 생각이다.
If you're not sure about the usage, it's a good idea to look up the word, especially a verb, in the dictionary.

1894 당신의 마지막 편지를 받자마자, 나는 사전에서 성급히 flattering이라는 단어를 찾아 보았다.
Upon receiving your last letter, I rushed to look up the word 'flattering' in the dictionary.

(16) lift up : '들어 올리다'

1895 그 돌을 들어 올리려면 얼마나 힘을 주어야 하지요?
How hard do I have to work to lift up the stone?

(17) pin up : '벽에 고정시키다'

1896 그는 그 사진을 벽 위에 핀으로 꽂았다.
He pinned the photo up on the wall.

(18) send up : '올려 보내다'

1897 즉시, 당신의 아파트먼트로 사람을 올려 보내겠습니다.
I will send someone up to your apartment right away.

(19) call up : '전화하다'

1898　이 시간대에 그에게 전화하는 것은 좋지 않은 생각이다.
　　　It is a bad idea to call him up at this time of the day.

(20) get up : '일어나다'

1899　그는 12시에 자서 5시에 일어난다.
　　　He gets up at 5 and goes to bed at 12.

(21) open up : '열어 젖히다'

1900　당신이 문을 활짝 열지 않으면 내가 강제로 들어갈 것이다.
　　　I'll force myself into the room unless you open up.

(22) put up : '숙박하다'

1901　그 모텔에서 하룻밤 유숙하자.
　　　Let's put up at the motel for the night.

(23) warm up : '준비운동하다'

1902　수영 전에 준비 운동을 해야 합니다.
　　　You should warm up before swimming.

(24) build up : '더 늘어나다, 강화되다, 강화시키다'

1903　규칙적 운동으로 그의 근육들이 불어났다.
　　　His muscles built up through a regular workout.

1904　상체 근육을 많이 만들어주므로, 그것은, 운동의 좋고 흥미로운 형태를 제공한다.
　　　It builds up upper body muscles a lot, so it provides a good and exciting form of exercise.

1905　그것은 뇌를, 부정적 감정들이 압력을 키우는 증기 주전자로 본다.
　　　It sees the brain as a steam kettle in which negative feelings build up pressure.

up

(25) work up : '작업을 통하여 만들어 내다'

1906 그들은 새로운 계획을 만들어 냈다.
They worked up a new plan.

(26) cheer up : '격려하다'

1907 나는 그녀를 격려하려고 애썼다.
I tried to cheer her up.

(27) check up : '살펴보다, 확인해보다'

1908 확신이 안 서면 그것을 다시 점검해보라.
If you are not sure, please check it up again.

(28) sum up : '요약하다, 합산하다'

1909 그는 전년도 판매액을 합산했다.
He summed up the sales of the past year.

(29) settle up : '청산하다'

1910 당신은 31일까지 밀린 청구서를 청산해야 합니다.
You are supposed to settle (up) all the overdue bills by the 31st.

(30) back up : '지지하다'

1911 그 논쟁에서 아무도 나를 지지하려 하지 않았다.
Nobody would back me up in the argument.

(31) stir up : '휘젓다'

1912 그것을 언급해서 그의 마음을 휘저어 놓으실 것입니까?
Are you going to stir up his mind by stating it?

1913 "부드럽게 차세요." 그녀가 그에게 말했다. "당신이 해야 하는 것보다 물을 더 많이 휘저어 올리지 마세요."
"Kick softly," she told him, "Don't stir up the water more than you have to."

(32) pop up : '튀어 나오다'

1914 공부하는 동안에는 불필요한 메시지가 당신의 스크린에 불쑥 나오도록 하지 마라.
Don't let any unnecessary messages pop up on your screen while studying.

(33) catch up with, keep up with : '~를 따라 잡다'

1915 당신이 그와 보조를 맞출 수 없다면 천천히 해라. 당신은 나중에 그를 따라 잡을 수 있다.
If you can't keep up with him, just take it easy. You can catch up with him later.

(34) sit up : '밤새 깨어있다, 단정히 앉다'

1916 낮에 배운 것을 복습하면서 밤새 앉아 있어야 했다.
I had to sit up all night reviewing what I had learned during the day.

(35) take up : '차지하다, 집어 올리다, 체포하다'

1917 그 소파는 너무 많은 공간을 차지한다.
The sofa takes up too much space.

(36) let up : '늦추다, 진정시키다'

1918 늦추지 말고 계속해.
Do not let up and keep going.

1919 초저녁 쯤, 황사가 진정될 것이다.
The yellow dust will let up early this evening.

(37) make up : '화해하다, 차지하다, 지어내다, 화장하다'

1920 너무 늦기 전에 그와 화해하는 게 좋겠다.
You'd better make up with him before it's too late.

1921 아이들이 그 병의 희생자의 30%를 차지한다.
Children make up over 30% of the victims of the disease.

1922 이야기를 지어내는 것은 그 보고서에서 허용되지 않는다.
Making up a story is not allowed in the report.

up

1923 또 하나의 필수적인 요인은 그 시장을 구성하는 지역 사회에 적절한 제품을 제공함으로써, 시장에 대한 반응성을 증가시키는 것이다.
Another vital factor is increasing one's responsiveness to the markets by providing products suited for the local communities that **make** up the market.

1924 필수적인 포인트는 여기 있다: 우리가 색깔로 인식하는 것은 색깔로 구성되지 않는다.
The essential point here is: What we perceive as color is not **made** up of color.

09 주요 표현 정리

(01) up in the air : 미정인, 확실하지 않은

1925 그 결정은 아직 미정이며 무슨 일이 일어날지 아무도 모른다.
The decision is still **up in the air**; no one knows what will happen.

(02) up for grabs : 입수 가능한

1926 마지막 남은 티켓들이 입수가능하니까 빨리 구하시오.
The last available tickets are **up for grabs**, so get yours quickly.

(03) up to par : 기준에 충족하는

1927 그녀의 실적은 평소의 높은 수준에서 보면 기준에 미치지 못했다.
Her performance was not **up to par** with her usual high standards.

(04) up and running : 잘 돌아가는

1928 그 새 소프트웨어는 부드럽게 정상적으로 돌아가고 있다.
The new software is **up and running** smoothly.

(05) up in arms : 팔을 들어 화를 표시하는, 분노한

1929 그 공동체는 그 공원에 제안된 변화들에 대해 분노하고 있다.
The community is **up in arms** over the proposed changes to the park.

(06) up for it : 준비가 된

1930 당신은 그것에 대해 준비가 되었는가? 이 도전을 떠맡고 싶은가?
Are you up for it? Do you want to take on this challenge?

(07) up a notch : 한 단계 끌어올리는

1931 몇가지 짜릿한 활동들로 그 흥분을 한 단계 올려봅시다.
Let's take the excitement up a notch with some thrilling activities.

(08) up to speed : 빠삭한, 잘 알고 있는

1932 그는 최근의 기술에 대해 빠삭한 상태가 되기 위해 속성과정이 필요하다.
He needs a crash course to get up to speed with the latest technology.

(09) up the creek without a paddle : 곤경에 처한, 노 없이 강 위에 놓인

1933 그 자동차가 고장났을 때 그들은 노 없이 표류하는 상황에 처했다.
They found themselves up the creek without a paddle when the car broke down.

(10) up the ante : 고삐를 죄다, 긴장을 높이다, 더 많은 판돈을 걸다

1934 그는 더 야심 찬 제안을 함으로써 고삐를 죄기로 결심했다.
He decided to up the ante by making a more ambitious proposition.

(11) up and about : 활기찬

1935 숙면 후에 그녀는 아침 일찍 활기찼다.
After a good night's sleep, she was up and about early in the morning.

(12) up for discussion : 논의에 부쳐진

1936 의제는 열려있고 어떤 주제든 논의할 준비가 되어있다.
The agenda is open, and any topic is up for discussion.

up

(13) up your game : 실력을 키우다

1937 당신이 성공하고 싶다면 실력을 향상시키고 더 많은 노력을 쏟아야 할 필요가 있다.
If you want to succeed, you need to up your game and put in more effort.

(14) up and down : 부침(浮沈), 굴곡, 흥망성쇠

1938 인생은 굴곡이 있으니 복원력을 유지하는 것이 중요하다.
Life has its ups and downs; it's important to stay resilient.

(15) up for sale : 판매로 내놓은

1939 그들의 오래된 가구는 판매중인데 그들이 새로운 곳으로 이사를 가기 때문이다.
Their old furniture is up for sale as they are moving to a new place.

54

up to

용법

(01) up to + 한계치 : '~에 이르기까지'
(02) 보통 부정구문에서 : '~하기까지 적합한'
(03) up to + 비교대상 : '가치, 능력 등이 필적하는'
(04) '획책하는'
(05) '의무로 해야 하는, 좌우되는'
(06) 동사와 to 사이에서 완결성 강조

01 up to + 한계치 : '~에 이르기까지'

1940 지금까지 그것의 다른 사례는 보고되지 않고 있다.
Up to this time, no other case of it has been reported.

1941 나는 무릎까지 물이 차는 곳에 섰다.
I stood up to my knees in the water.

1942 열네 살까지의 아동은 모두 취학의 의무가 있다.
School attendance is compulsory for all children up to the age of fourteen.

1943 100명에 이르는 사람들이 부상당했다.
Up to a hundred people were injured.

1944 소풍 짐을 꾸려서 Aricebo 산 위로 등산가자.
Let's pack a picnic and hike up to Mount Aricebo.

1945 그녀는 그 신문팔이 소년에게까지 다가왔다.
She came up to the newspaper boy.

up to

1946 물은 그들의 턱까지 차 있다.
The water is up to their chin.

1947 시간을 맞추는 것은, 하루에 최대 15분까지 왔다 갔다 했기에, 그 시계들의 모습보다는 덜 인상적이었다.
Their timekeeping was less impressive than the look of the clocks, wandering up to 15 minutes a day.

02 보통 부정구문에서 : '~하기까지 적합한'

1948 너는 그 일을 견디어 낼 것 같지 않다.
You don't seem up to the task.

1949 그녀는 몸이 안 좋아서 외출하고 싶지 않았다.
She did not feel up to going out.

1950 당신은 나의 매일매일의 기대에 부응하여 살아왔다.
You have managed to live up to my everyday expectation.

03 up to + 비교대상 : '가치, 능력 등이 필적하는'

1951 그는 학자로서 그의 아버지에게 미치지 못한다.
He is not up to his father as a scholar.

1952 이 담배는 그리 좋은 것이 못 된다.
This cigar is not up to much.

1953 이 세상 어떤 웅변도, 특별히 새로운 행동과 가치를 전달하는 데 있어서 지도자가 모범을 보이는 것을 당할 수 없다.
All the words in the world cannot measure up to the example of a leader, especially in communicating new behaviors and values.

04 '획책하는'

1954 그는 무엇인가를 꾸미고 있다.
He **is up to** something.

1955 무슨 일을 꾸미고 있는지 나에게 말해 주겠는가?
Do you mind telling me what you'**re up to**?

1956 나는 그가 무엇을 꾸미고 있는지 궁금하다. 그는 종일 수수께끼처럼 행동한다.
I wonder what he'**s up to**; he's been acting mysteriously all day.

1957 그녀는 다시 옛날식 꿍꿍이를 하며 친구들을 놀리려고 하는 중이다.
She'**s up to** her old tricks again, trying to play a prank on her friends.

1958 그들은 속삭이고 있었는데 무엇인가를 꾸미고 있다는 의심이 생긴다.
They were whispering in the corner, and I suspected they **were up to** something.

05 '의무로 해야 하는, 좌우되는'

1959 그는 가족을 부양해야 한다.
It **is up to** him to support his family.

1960 만일 그 일이 나에게 달려 있다면 나는 하겠다.
If it **was(were) up to** me, I would.

1961 어떤 일이 벌어질지는 우리에게 달려 있다.
Whatever happens **is up to** us.

up to

06 동사와 to 사이에서 완결성 강조

1962 그 사건까지 굳이 이어진 것이 무엇인지에 대해 지금 알려진 바는 거의 없다.
Little is known at this moment about what has **led up to** the event.

1963 그에게 확실하게 가보는 것이 어떨까?
Why don't you **go up to** him?

1964 그것은 폭풍 속에서 단단히 서 있었지만, 그 벚나무가 할 수 있었던 것처럼 바람에 따라 휘어질 수는 없었다.
It **stood up to** the storm, but it could not bend with the wind the way the chokecherry trees could.

55

upon

용법

(01) '~위로'
(02) 관용어구
(03) 주요 표현 정리

01 '~위로'

* on 의 대용어로서 up 이 가미되었으므로, 동작적 의미를 특별히 강조하거나 문어적이고 중후한 느낌을 줄 때 사용한다.

1965 커다란 사전 하나가 바닥에 놓여 있었고, 작은 고양이 한 마리가 그 위로 뛰어올랐다.
A large dictionary lay on the floor and a little cat **jumped up on** it.

02 관용어구

* 단, once upon a time 과 같은 관용어에서는 on으로 대용하지 않는다.

1966 옛날 옛적 먼 나라에서 설백(눈처럼 하얀 피부를 은유)이라 불리는 공주가 태어났다.
Once upon a time in a faraway land was born a princess named 'Snow White'.

1967 분명히, 그는 올 것이다.
Depend upon it, he will come.

upon

03 주요 표현 정리

(01) upon request : 요청 시에, 요구할 때

1968 추가적 정보는 요청시에 제공됩니다.
Additional information is available upon request.

(02) upon arrival : 도착 시에

1969 공항에 도착 시에 수화물 찾는 곳으로 가세요.
Upon arrival at the airport, please proceed to the baggage claim area.

(03) upon reflection : 성찰할 때, 돌이켜 볼 때

1970 돌이켜 보고, 그는 자신의 결정의 중요성을 깨달았다.
Upon reflection, he realized the importance of his decision.

(04) upon further review : 상세 검토 시에

1971 더 검토해보고 그 위원회는 그 결정을 교정하기로 결정했다.
Upon further review, the committee decided to revise their decision.

(05) upon completion : 완료 시에

1972 그 과정의 완수 시에 참가자들은 면허증을 받을 것이다.
Upon completion of the course, participants will receive a certificate.

(06) upon hearing : 듣고, 들을 때

1973 그 소식을 듣고 그녀는 어떤 일이 벌어졌는지를 보러 현장으로 서둘러 갔다.
Upon hearing the news, she rushed to the scene to see what had happened.

(07) upon approval : 도착 시에

1974 그 발표는 고위관리들이 도착할 때 시작될 수 있다.
The presentation can proceed upon the arrival of the higher-ups.

(08) upon agreement : 합의 시에

1975 그 조건들은 양 당사자들의 합의 시에 시행될 것이다.
The terms will be implemented **upon agreement** from both parties.

(09) upon discovery : 발견 시에

1976 그 새로운 종이 발견되었을 때, 과학자들은 그 독특함에 흥분했다.
Upon the discovery of the new species, scientists were excited about its uniqueness.

(10) upon entering : 입장 시에

1977 그 건물에 들어갈 때 방문객들은 접객부서에서 등록을 하도록 요구받는다.
Upon entering the building, visitors are required to sign in at the reception.

(11) upon release : 출시 되었을 때

1978 출시되었을 때 그 새로운 소프트웨어는 사용자들로부터 긍정적인 평가를 받았다.
Upon release, the new software received positive reviews from users.

(12) upon completion of payment : 대금 완납 시에

1979 대금완납시에 당신의 주문품은 배송될 것이다.
Your order will be shipped **upon completion of payment**.

(13) upon recommendation : 권고 시에

1980 그 의사로부터 권고받았을 때 그녀는 새로운 운동처방을 시작했다.
Upon recommendation from the doctor, she started a new exercise regimen.

(14) upon application : 지원 시에

1981 지원시에 후보자들은 면접을 위한 연락을 받게 될 것이다.
Upon application, candidates will be contacted for an interview.

upon

(15) upon agreement of terms : 조건에 동의할 때

1982 그 거래는 양 당사자들에 의해 조건에 대한 합의가 있을 시에 완료될 것이다.
The deal will be finalized upon agreement of the terms by both parties.

(16) upon inspection : 조사, 검사 시에

1983 검사했을 때 그 장비는 수리가 필요한 것이 확실했다.
Upon inspection, it was clear that the equipment needed repairs.

(17) upon verification : 검증 시에

1984 당신의 이력에 대한 검증이 있을 때 접근이 허용될 것이다.
Access will be granted upon verification of your credentials.

(18) upon implementation : 시행 시에

1985 그 새로운 정책은 시행 시에 발효될 것이다.
The new policy will take effect upon implementation.

56 with

용법

- (01) 위치상 옆의, 곁의
- (02) 통과, 경로
- (03) 행위자, 수단, 방법, 매개
- (04) 단위표시
- (05) 수량 차이
- (06) 관계, 성품, 출생, 이름, 직업 등의 관용표현
- (07) by + 시기 (완료나 개시의 시기)
- (08) by + ing : '~함으로써(수단)'
- (09) A by A : A단위씩
- (10) by + 교통수단 (무관사)
- (11) '붙잡다' 류 동사 + 목적어 + the + 신체일부
- (12) 곱셈 · 나눗셈
- (13) by와 함께 하는 주요 관용어
- (14) 특정 형용사와 잘 어울리는 with
- (15) 주요 표현 정리

주요 콜로케이션

①	begin with ~로 시작하다	②	communicate with 의사소통하다	③	comparable with ~와 비교되는
④	comply with 순응하다	⑤	consult with ~와 상의하다	⑥	dispense with ~없이 지내다
⑦	do away with 제거하다	⑧	equip A with B A에게 B를 갖추어주다	⑨	fill A with B A를 B로 채우다
⑩	furnish A with B A에게 B를 제공하다	⑪	interfere with 간섭하다	⑫	keep up with 따라잡다
⑬	plead with 에게 애원하다	⑭	present A with B A에게 B를 제공하다	⑮	provide A with B A에게 B를 제공하다
⑯	rest with ~에게 달려있다	⑰	side with 편들다	⑱	start with ~로 시작하다
⑲	supply A with B A에게 B를 제공하다				

with

01 동반

1986 당신도 우리들과 함께 가시겠습니까.
Will you come with us, too?

1987 나는 많은 애완동물과 산다.
I lived with many pets.

02 연관, 처치, 접촉, 상대

1988 나는 그들과 거래 관계가 있다.
I have dealings with them.

1989 나는 그녀와 끝났다.
I have done with her.

1990 나는 그것과 아무 관계가 없다.
I have nothing to do with that.

1991 나와 계속 연락을 하자.
Please keep in touch with me.

1992 나는 해와 함께(뜰 때) 일어난다.
I rise with the sun.

1993 부모님들과 말다툼하지 말라.
Don't argue with your parents.

1994 그는 상급생과 싸우고 있다.
He is fighting with a senior.

1995 곧, 당신과 함께 하겠다.
I will be with you in a moment.

1996 나는 그녀와 끝났다.
I am through with her.

03 동시 동작, 부대 상황

1997 그것과 함께, 그는 가버렸다.
With that, he went away.

1998 나는 눈을 감고 누워있었다.
I lay down with my eyes closed.

1999 그는 벽에 등을 기대고 서 있었다.
He stood with his back against the wall.

2000 우주 연구들의 발전과 함께, 달에 관한 많은 수수께끼들이 곧 밝혀질 것이다.
With the advancement of space research, many mysteries of the moon will soon be revealed.

2001 당신이 없다면 얼마나 외로운 세상일까!
What a lonely world it would be with you away!

2002 입에 음식이 가득 한 채로 말하지 말라.
Don't speak with your mouth full.

2003 밤이 오자 우리는 집으로 향했다.
With night coming on, we left for home.

2004 그는 티비를 켠 채 잠들었다.
He fell asleep with the TV on.

2005 그는 젖은 장화를 신은 채 나의 바닥에 올라왔다.
He stepped onto my floor with his wet boots on.

2006 나는 돌베개를 하고 자는 것을 좋아한다.
I like to sleep with my head on a stone pillow.

2007 다리를 꼬고 앉지 마라.
Don't sit with your legs crossed.

with

04 일치, 조화, 부합

2008 당신은 우리(의 의견)에 찬성인가 반대인가?
Are you **with us** or against us?

2009 나는 그 점에서 너와 동의한다.
I agree **with you** there.

2010 그 노인을 동정했다.
They sympathized **with the old man**.

2011 그 타이는 너의 정장과 어울리지 않는다.
The tie doesn't go **with your suit**.

2012 기름과 물은 좀처럼 섞이지 않는다.
Oil and water hardly mix **with each other**.

05 비교, 혼합, 충돌

2013 그는 누구와도 필적하지 않는다(최고다).
He compares **with nobody**.

2014 몇 명의 피선출자들이 선출자들과 어울리고 있다.
Several selectees are mingling **with selectors**.

2015 지구는 소행성과 충돌할 수 있다.
The earth can collide **with an asteroid**.

2016 그녀는 같은 반 학생들과 우등 자리를 놓고 경쟁했다.
She competed **with her classmates** for the honor.

2017 그들은 그 상황에 대처하는 방법을 몰랐다.
They did not know how to deal **with the situation**.

06 기구, 수단, 재료

2018 그는 펜과 파란 잉크로 그의 이름을 쓴다.
He writes his name with a pen and blue ink.

2019 그 쥐는 톰에게 막대기로 맞아 죽었다.
The rat was beaten to death with a stick by Tom.

2020 나는 그것을, 가지고 살 돈이 없다. (구어체에서 with 생략 가능)
I don't have money to buy it with.

2021 너의 아이에게 가지고 놀 장난감을 사주어라.
Buy your child some toys to play with.

2022 들판은 눈으로 덮였다.
The fields were covered with snow.

2023 하나의 유리잔을 물로 채워라.
Fill one glass with water.

2024 그는 디지털 카메라로 사진을 찍는 중이다.
He is taking a picture with a digital camera.

2025 천문학자들은 망원경으로 우주를 관찰할 수 있다.
Astronomers can observe the universe with a telescope.

2026 나는 큰 숟가락으로 그 국을(soup) 저었다.
I stirred the soup with a big spoon.

2027 그 고양이는 발톱으로 내 손을 할퀴었다.
The cat scratched my hand with its claws.

with

07 with + 추상명사, 감정명사, 상태명사

2028 그는 그것을 쉽게 했다.
He did it with ease.

2029 그는 힘겹게 고발당하는 것을 모면했다.
He avoided being charged with difficulty.

2030 나는 감동하여 그 연설을 들었다.
I listened to the speech with emotion.

2031 그는 나를 미소로 맞는다.
He greets me with smiles.

2032 나는 차분하게 그의 말을 들었다.
I heard him with calmness.

2033 그는 힘차게 일한다.
He works with energy.

2034 그는 끈기 있게 그것을 보았다.
He saw it with patience.

2035 나는 기꺼이 당신의 소망을 들어주겠다.
I will grant your wish with pleasure.

08 소유

2036 빨간 코의 한 사람이 포도주 한 병을 사려고 여기 왔었다.
A man **with a red nose** was here to buy a bottle of wine.

2037 그는 손잡이가 달린 꽃병을 그렸다.
He painted a vase **with a handle**.

2038 그는 수중에 소유하고 있는 돈이 없다.
He had no money **with him**.

2039 여우는 크고 털이 많은 꼬리를 가지고 있는 육식성 동물이다.
A fox is a carnivorous animal **with a big and bushy tail**.

2040 나는 네 개의 잎사귀를 가진 클로버를 발견했다.
I found a clover **with four leaves**.

2041 나는 두 개의 봉을 가진 낙타를 탔다.
I rode a camel **with two lumps**.

09 원인

2042 그녀는 두려움 때문에 떨었다.
She shivered **with fear**.

2043 그녀는 감기 때문에 누워있다.
She is in bed **with a cold**.

2044 그녀는 부끄러워서 입을 다물었다.
She was silent **with shame**.

2045 나는 기뻐서 제정신이 아니었다.
I was beside myself **with joy**.

with

10 양보

2046 그렇게 돈이 있으면서도 그녀는 더 많이 가지고 싶어 한다.
With all her riches, she is still hungry for more.

2047 그 모든 장점에도 불구하고 그녀는 오만하지 않다.
With all her merits, she is not so proud.

2048 그의 모든 재능에도 불구하고 그는 겸손하고 친화적이다.
With all his talent, he remains humble and approachable.

2049 그들의 모든 업적들에도 불구하고 그들은 겸손하고 현실적인 자세와 긍정적 영향력을 미치는 것에 집중하는 자세를 유지한다.
With all their achievements, they stay grounded and focused on making a positive impact.

11 관련된 대상

2050 당신에게 무슨 문제가 있습니까?
What is the matter **with you**?

2051 나는 그녀에게 화나 있습니다.
I am angry **with her**.

2052 당신에게 솔직히 말해, 나는 그 음식을 좋아하지 않습니다.
To be frank **with you**, I don't like the food.

2053 그것은 인도인들에게는 흔한 것이었다.
It was usual **with the Indians**.

2054 그것은 나에게도 마찬가지였다.
It was the same **with me**.

2055 당신은 그것과 함께 어떻게 지내고 있는가?
How are you getting along **with it**?

12 부사와 함께 명령문에 사용

2056 그를 쫓아 버려라.
Away with him.

2057 그를 끌어내려라.
Down with him.

2058 그것을 끌어 올려라.
Up with it.

2059 그의 목을 날려버려라.
Off with his head.

2060 귀족정치를 끝장내라.
Down with aristocracy.

13 주요 동사 + with

(01) comply with : '순응하다'

2061 그들은 우리의 요구에 순응할 것이다.
They are going to comply with our demands.

(02) communicate with : '의사소통하다'

2062 동물들은 다양한 수단으로 서로 의사소통을 할 수 있다.
Animals can communicate with one another through various means.

2063 당신과 의사소통을 하는 사람들은, 자신들의 말이 (당신에게)경청당한다는 것을 느낄 때, 당신 주위에서 훨씬 더 편하다고 느낄 것이다.
The people you communicate with will feel much more relaxed around you when they feel heard and listened to.

with

(03) **begin** with : '~로 시작하다'

2064 그는 가벼운 전채요리부터 시작하여 아이스크림까지 갔다.
He **began** with a light appetizer all the way to ice cream.

(04) **start** with : '~로 시작하다'

2065 할 말이 생각이 나지 않으면, 다음과 같은 짧은 노트로 시작하라. "Jasmine에게, 당신과 같은 친구가 있으니 나는 인생에서 운이 좋아요! 난 진정으로 축복을 받은 느낌이고, 삶의 모든 행복과 즐거움이 당신에게 있기를 빌어요. 사랑하는 Richard가."
If you can't think of much to say, **start** with short little notes like, "Dear Jasmine, How lucky I am to have friends like you in my life! I am truly blessed, and I wish you all the happiness and joy that life can bring. Love Richard."

(05) **consult** with : '~와 상의하다'

2066 당신의 변호사와 그 사건에 대해 상의해 보는 게 좋을 듯해요.
You'd better **consult** with your lawyer about the case.

(06) **dispense** with : '~없이 지내다'

2067 그는 게걸스럽게 숟가락도 없이 사발 그릇에서 바로 삼키면서 먹는다.
He eats ravenously, **dispenses** with the spoon and gulps straight from the bowl.

(07) **do away** with : '제거하다'

2068 우리는 모든 순수한 과학연구를 제거해서는 안 된다.
We should not **do away** with all pure scientific research.

(08) **interfere** with : '간섭하다'

2069 그들은, 당신이 그들의 무기연구를 방해하도록, 내버려 두지 않을 것이다.
They will not let you **interfere** with their weapon research.

(09) keep up with : '따라잡다, 보조를 맞추다'

2070 그 누구도 당신을 따라잡을 수 없다, 심지어 나조차도.
Nobody could keep up with you - not even me.

(10) plead with : '~에게 애원하다'

2071 그 변호인은 배심원단에게 피고인을 용서해 달라고 호소했다.
The advocate pleaded with the jury to pardon the accused.

(11) rest with : '~에게 달려 있다.'

2072 그 사람에게 자유인의 지위를 주는 것은, 국제사면위원회에게 달려있다.
It rests with the Amnesty International to grant him a status of free man.

(12) side with : '편들다'

2073 판사들은 양 당사자 어떤 편도 들어서는 안 된다.
Judges should not side with either party.

(13) 공급을 의미하는 표현

2074 당신은 그에게 특별한 호흡장치를 마련해 주어야 한다.
You have to provide him with special breathing apparatus.

2075 그들은 그 집에 온갖 편의 장치들을 시설했다.
They furnished the house with all kinds of conveniences.

2076 그 식물에 충분한 햇빛을 공급하는 것을 잊지 말라.
Don't forget to supply the plant with enough sunlight.

2077 그는 아들에게 그 직업에 대한 욕구를 제공했다.
He presented his son with appetite for the job.

2078 그들은 그 자동차에 빙판 도로를 위한 안전장치들을 설치했다.
They equipped the car with safety devices for icy roads.

2079 그는 그 편지를 사과의 말들로 채웠다.
He filled the letter with words of apology.

with

14　특정 형용사와 잘 어울리는 with

(01) busy with : '~로 바쁜'

2080　그 과학자는 계산으로 바쁘다.
　　　The scientist is busy with calculation.

(02) familiar with + 인지대상 : '~에 친숙한'

2081　그 천문학자는 우리 은하계의 사진들에 친숙하다.
　　　The astronomer is familiar with the pictures of our galaxy.

(03) identical with : '~과 동일한'

2082　그 발레는 내가 몇 년 전에 본 것과 비슷하다.
　　　The ballet is identical with the one I saw years ago.

(04) ill with : '~으로 아픈'

2083　우리 보모가 심한 천식으로 앓고 있다.
　　　Our babysitter is ill with severe asthma.

(05) patient with : '~에 인내하는'

2084　훌륭한 선생은 학생들에게 참을성이 있다.
　　　A good teacher is patient with students.

(06) honest with : '~에게 정직한'

2085　나는 당신에게 항상 정직하다.
　　　I am always honest with you.

(07) popular with : '~에게 인기 있는'

2086　그 교수는 학생들에게 인기가 있다.
　　　The professor is popular with the students.

(08) comparable with : '~와 비교되는'

2087 그의 기록들은 당신의 어떤 것과도 비교되지 않는다.
His records are comparable with none of yours.

15 주요 표현 정리

(01) with all due respect : 존중의 마음을 담아, 황송하오나

2088 송구스럽게 말씀드리지만 당신의 의견에 동의하지 않습니다.
I say this with all due respect, but I disagree with your opinion.

(02) with flying colors : 승리의 깃발을 펄럭이며

2089 그녀는 의기양양하게 그 시험을 통과하고 자신의 탁월한 실력을 증명했다.
She passed the exam with flying colors, showcasing her excellent performance.

(03) with open arms : 팔을 벌려, 열렬히

2090 그들은 열렬히 그 새로운 회원을 동료로 맞이했다.
They welcomed the new team member with open arms into the company.

(04) with bated breath : 숨을 죽이고

2091 그 청중은 숨을 죽이고 승자의 발표를 기다렸다.
The audience waited with bated breath for the announcement of the winner.

(05) with hindsight : 돌이켜 보건대

2092 돌이켜 보건대 나는 그 상황을 다르게 처리할 수도 있었다는 것을 깨닫는다.
With hindsight, I realize that I could have handled the situation differently.

with

(06) with a grain of salt : 약간의 의심을 가지고

2093 그의 충고를 약간은 조심하여 받아들여라. 그는 과장하는 경향이 있다.
Take his advice with a grain of salt; he tends to exaggerate.

(07) with a heavy heart : 마음 무겁게

2094 그는 그것이 그들이 듣기에는 힘들 것이기에, 무거운 마음으로 그 소식을 전달했다.
He delivered the news with a heavy heart, knowing it would be difficult for them to hear.

(08) with all my heart : 온 마음을 다하여

2095 나는 전심으로 당신을 사랑하며 내 인생에서 당신의 존재를 감사히 여긴다.
I love you with all my heart, and I am grateful for your presence in my life.

(09) with bells on : 기꺼이, 들뜬 마음으로

2096 당신이 나를 그 파티에 초대한다면 나는 들뜬 마음으로 가겠다.
If you invite me to the party, I'll be there with bells on.

(10) with the naked eye : 맨눈으로

2097 그 혜성은 하늘 관찰자들 가운데서 흥분을 자아내며, 맨눈으로도 보였다
The comet was visible with the naked eye, creating excitement among stargazers.

(11) with a touch of : ~를 약간 포함하며

2098 그 요리사는 추가적 풍미를 위해 이국적 향신료를 약간 첨가하여 그 요리를 마련했다.
The chef prepared the dish with a touch of exotic spices for added flavor.

(12) with a vengeance : 거칠게, 심하게, 글자 그대로

2099 그녀는 모든 장애물을 극복하겠다고 결심하며 거칠게 목표를 추구했다.
She pursued her goals with a vengeance, determined to overcome any obstacles.

(13) with reservations : 의심이나 확신 없이

2100 나는 그 초대를, 무엇을 기대해야할지 확신이 서지 않은 채, 다소 의심과 유보의 마음으로 수락했다.
I accepted the invitation with reservations, unsure of what to expect.

(14) with a straight face : 진지한 얼굴로

2101 그는 진지한 얼굴로, 모든 이를 그가 진지한지의 여부에 대해 미심쩍게 만들면서, 그 농담을 했다.
He told the joke with a straight face, leaving everyone unsure if he was serious.

(15) with a twist : 약간의 변화와 함께

2102 그 고전은 새로운 관객을 매료시키기 위해 약간의 현대적 뒤틀기로 재발표되었다.
The classic story was retold with a modern twist to captivate a new audience.

(16) with an eye to : ~를 쳐다보며, ~를 염두에 두고

2103 그 디자이너는 현대의 패션유행을 염두에 두고 그 신작발표를 구상했다.
The designer created the collection with an eye to current fashion trends.

(17) with the best of intentions : 선의를 가지고

2104 비록 그것이 계획된 대로 진행되지 않았지만 그는 최선의 의도로 행동했다.
Even though it didn't go as planned, he acted with the best of intentions.

with

(18) with no strings attached : 달린 조건 없이

2105 그녀는 대가를 바라지 않고 아무 조건 없이 도움을 제안했다.
She offered her help with no strings attached, expecting nothing in return.

(19) with a sense of humor : 유머 감각을 가지고

2106 유머감각을 가지고 난제를 대하는 것은 상황을 더 통제가능하게 만들 수 있다.
Dealing with challenges with a sense of humor can make the situation more manageable.

(20) with the passage of time : 시간이 감에 따라

2107 시간이 경과함에 따라, 그 사건의 기억들이 희미해졌다.
With the passage of time, memories of the event became less vivid.

57 within

용법

(01) '한계 이내에서, 넘지 않고'
(02) '안쪽에, 내부에'
(03) 주요 표현 정리

01 '한계 이내에서, 넘지 않고'

2108 내 생각에 일주일 이내에 그것을 끝낼 수 있다.
I think I will get it done **within a week**.

2109 이것은 그의 능력 한계내의 일이다.
This is a task well **within his power**.

2110 그 기숙학교는 정거장에서 쉽게 걸어갈 수 있는 거리 이내에 있다.
The boarding school is **within an easy walk** of the station.

2111 부르면 들리는 거리에 있어라.
Stay **within call**.

2112 아이들을 눈에 보이는 거리 이내에서 놀게 하라.
Let the children hang around **within sight**.

2113 그의 예절은 내가 참아 줄 만하다.
His manners are **within my tolerance**.

within

02 '안쪽에, 내부에'

2114 바티칸은 로마시 안에 있는 작은 도시입니다.
The Vatican is a small city within (=inside) the city of Rome.

2115 우리는 성 안팎에서 병사들을 볼 수 있다.
We can see soldiers within and outside the wall.

03 주요 표현 정리

(01) within the framework : 틀 안에서

2116 우리는 기존 규정의 틀 안에서 작업할 필요가 있다.
We need to work within the framework of the existing regulations.

(02) within the scope of : ~의 범주 내에서

2117 그 과업은 우리의 전문성과 능력 범주 이내에 있다.
The undertaking falls within the scope of our expertise and capabilities.

(03) within earshot : 들을 수 있는 거리 내에

2118 조용히 말하라. 그는 들을 수 있는 거리에 있어서 우리의 대화를 엿들을지도 모른다.
Speak quietly; he's within earshot and might overhear our conversation.

(04) within seconds : 수초 이내에, 금방

2119 현대 과학기술을 가지고, 정보는 매우 짧은 시간에 접근될 수 있다.
With modern technology, information can be accessed within seconds.

(05) within the hour : 한 시간 이내에

2120 그 수리기사가 문제를 해결하기 위해 한 시간 이내에 여기에 올 것이다.
The repair technician will be here within the hour to fix the issue.

(06) within your means : 분수에 맞게, 수입의 범주 내에서

2121 재정 부담을 피하기 위해 당신의 수입 범위 내에서 생활하라.
Live within your means to avoid financial strain.

(07) within limits : 한계 내에서

2122 당신은 의견을 표명할 자유가 있지만 그것은 존중의 태도 내에서 이루어져야 한다.
You have the freedom to express your opinion, but it must be within limits of respect.

(08) within the vicinity : 가까운 거리 이내에

2123 그 호텔은 인기 관광 명소의 근처에 있다.
The hotel is within the vicinity of popular tourist attractions.

(09) within the budget : 예산 내에서

2124 우리는 그 건설이 예산 한계 내에 있도록 확실히 해야 할 필요가 있다.
We need to ensure that the construction stays within the budget constraints.

(10) within the norm : 규범이나 정상범위 내에서

2125 그 결과는 이런 유형의 실험에 대한 정상범위 내에 있다.
The results fall within the norm for this type of experiment.

(11) within the guidelines : 행동지침 내에서

2126 조직에 의해 정해진 지침내에 당신의 행동이 있도록 확실히 하라.
Make sure your actions are within the guidelines set by the organization.

within

(12) within arm's reach : 가까운 거리 내에

2127 필수품목들은 편의상 팔이 닿는 거리(가까운 거리) 내에 두어라.
Keep essential items within arm's reach for convenience.

(13) within striking distance : 타격 범주, 닿을 수 있는 거리 내에서

2128 그 팀은 선수권의 우승에 근접해 있다(닿을 수 있는 거리 내에 있다).
The team is within striking distance of winning the championship.

(14) within an inch of : 아주 짧은 거리 내에

2129 그 차는 그 보행자를 치는 지근거리 안에 들어 왔다.
The car came within an inch of hitting the pedestrian.

(15) within the realm of possibility : 가능성의 영역 내에

2130 새로운 언어를 배우는 것은 전념과 실천을 가져야 가능한 영역에 들어 온다.
Learning a new language is within the realm of possibility with dedication and practice.

58 without

용법

(01) 부재 : '~없이'
(02) 부재의 가정 : '~이 없다면, 없었다면'
(03) without + ing : '~하지 않고'
(04) 주요 표현 정리

주요 콜로케이션

① do without
'~없이 지내다/해내다'

② It goes without saying that + S + P
'~는 말할 필요조차 없는 당연한 사실이다'

③ not [never] ... without ~ing
~하지 않고 ~하는 수는 없다, ~하면 반드시 ~하다

④ not without + ing
~하지 않고는 ~하지 않는다

01 부재 : '~없이'

2131 가시 없는 장미란 불가능할 것이다.
A rose **without a thorn** is impossible.

2132 그녀는 이유 없이 울음을 터뜨렸다.
She burst into tears **without reason**.

2133 그는 수중에 돈 한 푼 없이 집으로 돌아갔다.
He went back home **without any money** on him.

2134 그들은 단 한마디 말도 없이 몇 분간을 조용히 앉아 있었다.
They sat still for a few moments **without a single word spoken**.

without

02 부재의 가정 : '~이 없다면, 없었다면'

2135 내 충고가 없었다면 그는 실패했을 것이다.
Without my advice, he would have failed.

2136 서로로부터의 도움이 없다면 우리 중 그 누구도 살 수 없을 것이다.
None of us could live **without help** from one another.

03 without + ing : '~하지 않고'

2137 그는 작별 인사도 없이 가버렸다.
He went away **without saying goodbye**.

2138 나는 누구에 의해서도 눈에 띄지 않고 회관을 나왔다.
I left the hall **without being noticed by anyone**.

2139 나는 그에게 발각되지 않고 그의 곁을 지나갔다.
I passed him **without him noticing me**.

04 주요 표현 정리

(01) do without : '~없이 지내다[해내다]'

2140 이 사전 없이는 하루도 지낼 수 없다.
I cannot do without this dictionary even a day.

2141 그녀는 아침 커피 없이는 견딜 수 없다. 그것은 그녀의 일상 습관의 중요한 부분이다.
She cannot do without her morning coffee; it's an essential part of her daily routine.

(02) It goes without saying that + S + P : '~는 말할 필요조차 없는 당연한 사실이다'

2142 행복은 만족에 있다는 것은 말할 필요조차 없는 당연한 사실이다.
It goes without saying that happiness consists in contentment.

(03) not (never) … without ~ing : ' ~하지 않고 ~하는 수는 없다, ~하면 반드시 ~하다'

2143 그들은 만나기만 하면 반드시 말다툼한다.
They never meet without quarreling.

(04) without a doubt : 의심할 바 없이

2144 그녀는 의심할 바 없이 그 일에 최고의 적임자이다.
She is, without a doubt, the most qualified candidate for the job.

(05) without fail : 실패 없이, 반드시

2145 그는 팀에 대한 자신의 헌신을 증명하면서 틀림없이 모든 회의에 참석한다.
He attends every meeting without fail, demonstrating his commitment to the team.

without

(06) without further ado : 더 이상 애먹지 않고

2146 더 이상의 야단법석 없이 그 의식을 진행하자.
Let's proceed with the ceremony without further ado.

(07) without reservation : 망설임 없이

2147 나는 망설임 없이 이 식당을 추천하는데 음식과 서비스가 탁월하기 때문이다.
I recommend this restaurant without reservation; the food and service are excellent.

(08) without a hitch : 순조롭게 (걸림없이)

2148 그 행사는 주의 깊은 계획 덕분에 순조롭게 출발했다.
The event went off without a hitch, thanks to careful planning.

(09) without prejudice : 편견 없이

2149 편견 없이 그 문제를 토의하고 모든 관점들을 고려하자.
Let's discuss the matter without prejudice and consider all perspectives.

(10) without warning : 예고 없이

2150 그 폭풍은 예고 없이 강타해서 모든 이를 방어하지 못하게 했다.
The storm hit without warning, catching everyone off guard.

(11) without delay : 지체 없이

2151 미루지 말고 그 이메일에 답하라. 우리는 당신의 의견을 긴급히 필요로 한다.
Please respond to the email without delay; we need your input urgently.

(12) without a care in the world : 전혀 신경쓰지 않고

2152 그들은 세상일에 대한 근심없이 그 평화스런 분위기를 즐기면서 해변을 따라 산책했다.
They strolled along the beach without a care in the world, enjoying the serene atmosphere.

(13) without exception : 예외 없이

2153 우리의 정책은 모든 이에게 예외 없이 적용된다.
Our policy applies to everyone without exception.

(14) without a second thought : 재고하지 않고

2154 그는 진정한 충실함을 보여주면서 두 번 생각하지 않고 친구를 도왔다.
He helped his friend without a second thought, showing true loyalty.

(15) without mercy : 자비 없이

2155 그 팀은 결정적 승기를 확보하면서 무자비하게 경기했다.
The team played without mercy, securing a decisive victory.

(16) without a trace : 흔적 없이

2156 그는 흔적 없이 사라져서 거처에 대한 어떤 단서도 남기지 않았다.
He disappeared without a trace, leaving no clue to his whereabouts.

(17) without prejudice to : ~에 대한 피해 없이

2157 그는 미래의 연구에 대한 피해를 끼치지 않는 조건으로 그의 발견들을 공유하기로 동의했다.
He agreed to share his findings without prejudice to future research.

(18) without missing a beat : 박자를 놓치지 않고, 머뭇거리지 않고

2158 그녀는 자신의 전문성을 과시하며 조금도 머뭇거림 없이 그 질문에 답했다.
She answered the question without missing a beat, showcasing her expertise.

(19) without a shadow of a doubt : 조금의 의심도 없이

2159 그는 조금도 의심할 바 없이 진정한 애국자이다.
He is, without a shadow of a doubt, a true patriot.

without

(20) without batting an eye : 눈 깜짝하지 않고, 침착하게

2160 그녀는 놀라운 침착성을 보이며 그 어려운 상황을 눈 하나 깜짝이지 않고 처리했다.
She handled the difficult situation without batting an eye, displaying remarkable composure.

(21) without question : 의심 없이, 확실히

2161 그 팀에 대한 그의 충성은 의심의 여지가 없다.
His loyalty to the team is without question.

(22) not without + ing : ~하지 않고는 ~하지 않는다

2162 그녀는 그 과정에서 많은 장애물들을 만나지 않고는 매 번의 임무를 완수하지 못했다 – 완수할 때마다 많은 장애물을 만났다.
She did not complete each mission without facing numerous obstacles along the way.

2163 그는 자신의 경력에서 성공을 이루었는데 이것은 긴 시간의 힘든 노력과 헌신없이 이루어지지 않았다.
He achieved success in his career not without putting in long hours of hard work and dedication.